Vieux réac !

DANS LA MÊME COLLECTION

Normand Baillargeon, *Liliane est au lycée – Est-il indispensable d'être cultivé ?*

Yann Dall'aglio, *Une Rolex à 50 ans – A-t-on le droit de rater sa vie ?*

Yann Dall'aglio, *JT'M – L'amour est-il* has been *?*

Aurélie Ledoux, *« L'ascenseur social est en panne » – Qu'est-ce qu'une société juste ?*

Samuel Pelras, *Un geste pour la planète – Peut-on ne pas être écolo ?*

Guillaume Pigeard de Gurbert, *Fumer tue – Peut-on risquer sa vie ?*

Mathias Roux, *J'ai demandé un rapport – La politique est-elle affaire d'experts ?*

Jean Salem, *« Élections piège à cons » – Que reste-t-il de la démocratie ?*

Camille de Vulpillières, *« Dis merci à la dame » – Que signifie la politesse ?*

Harold Bernat

Vieux réac !

Faut-il s'adapter à tout ?

Flammarion Antidote

ISBN : 978-2-0812-7091-6

À ma Chloé

Introduction

« C'est parti pour durer »

> « Quant à la critique proprement dite, j'espère que les philosophes comprendront ce que je vais dire : pour être juste, c'est-à-dire pour avoir sa raison d'être, la critique doit être partiale, passionnée, politique, faite à un point de vue exclusif, mais à un point de vue qui ouvre le plus d'horizon. »
>
> Charles BAUDELAIRE, *Salon de 1846.*

Personne ne vous dira le contraire, il est toujours bon de réagir. N'oubliez surtout pas de contester les évidences, les consensus mous et autres matières spongieuses qui empoissent nos contrées mercantiles. Mais attention, trop de critique, trop de contestation, trop de distance et vous voilà aussitôt accusé de flirter avec les ennemis de la démocratie, ces fauteurs de réaction, ceux qui ne proposent rien et passent leur temps à tout détruire. En un mot, vous voilà *réac*. Si vous avez – circonstance aggravante – passé la trentaine, vous basculez même du côté des *vieux réacs*.

De Marx, retenons au moins ceci : toute existence humaine est historiquement située. Certains seront contemporains de la Révolution française, de la restauration de la monarchie, de la guerre mondiale, de la résistance à l'ennemi commun ; d'autres de la révolution des forfaits Free, de la restauration Sodexo, de la guerre des prix du panier de la rentrée, de la résistance aux réformes du tronc commun. Une fois acceptée l'hypothèse raisonnable selon laquelle l'homme doit toujours *s'adapter* à ses conditions d'existence, il est encore raisonnable de croire que ce n'est pas le même homme qui peut vivre *à la fois* la Révolution française et celle des forfaits Free à 19,99 euros tout compris. L'usage du mot *homme*, dans un cas comme dans l'autre, vient pourtant troubler cette saine évidence et égarer les esprits. L'homme ne reste-t-il pas l'homme ?

Que le même homme ne puisse pas prendre *à la fois* la Bastille et un forfait mobile, la chose semble évidente pour des raisons chronologiques. Cette évidence est d'ailleurs le leitmotiv des progressistes : on ne reviendra pas en arrière, c'est cela le progrès. Reste à savoir si le passage de l'homme qui se bat pour prendre la Bastille à celui qui se bat pour son forfait mobile constitue justement un progrès. Pour le progressiste, désormais mondialiste, cette question n'a pas de sens puisqu'elle suppose l'existence d'un étalon (autre que le progrès lui-même) qui permettrait de juger de la progression ou de l'avachissement de l'homme aux yeux de l'homme. Question métaphysique, absolutiste, dogmatique, normative, en un mot qui fait florès quand les idées font défaut : *réactionnaire*.

Le réactionnaire ou *réac* – à ne surtout pas confondre avec celui qui reprend des actions en Bourse – aurait pour fâcheuse tendance de comparer l'homme à l'homme, celui de l'avant et celui de l'après, celui d'hier et celui d'aujourd'hui. Ce penchant pour la comparaison et le jugement de valeur est quelque peu anachronique dans une période, la nôtre, qui fait de l'adaptation une vertu cardinale. Surtout ne jugez pas, avancez. Que cette adaptation suppose le rejet pur et simple de toute tentative d'évaluation de l'homme par l'homme, cela ne surprendra que les plus adaptés, tous ceux qui n'ont pas besoin de savoir *où va l'homme* pour réussir leur vie, autant dire entasser de la matière, bouger, consommer, éliminer.

Pascal Lamy, directeur de l'OMC, précise ce qu'il convient d'entendre aujourd'hui par « concept réactionnaire ». Pascal Lamy : « La mondialisation est une transformation gigantesque des économies et des sociétés, dont on avait sous-estimé l'ampleur et qui frappe des pays en tête du classement de la richesse mondiale. Mais la démondialisation est un concept réactionnaire. Pourquoi ? Parce que le phénomène est parti pour durer. Les moteurs de la mondialisation sont le porte-conteneurs et Internet et la technologie ne reviendra pas en arrière ! » (« La démondialisation est un concept réactionnaire », *Le Monde*, 30 juin 2011).

Pascal Lamy nous livre ici une extension sans précédent du terme *réactionnaire.* Un concept devient réactionnaire lorsqu'il contredit « ce qui est parti pour durer ». S'il vous prend l'envie de juger, de contester, de critiquer « ce qui est parti pour durer », votre discours est réactionnaire. Par contre, si vous entérinez le cours des choses, validez l'existant, paraphez ce qui se fait déjà, vous contribuez au progrès de l'espèce et à la liberté des peuples contre les forces obscures de la réaction. En toute logique : si vous n'accréditez pas ce qui se fait et « ce qui est parti pour durer », autrement dit s'il vous prend de penser ce qui vous arrive sans aussitôt courber l'échine et baisser le menton, vous voilà réactionnaire. Ce qui donne à la notion une extension à côté de laquelle les petites distinctions de chapelles – réac de gauche, réac de droite – paraissent bien dérisoires. Le temps arrive donc où toute pensée qui ne répétera pas ce qui se dit partout à propos de ce qui se fait déjà globalement dans le monde sera disqualifiée en tant que pensée réactionnaire.

Dans la précision terminologique de Pascal Lamy, le problème de la « démondialisation » est secondaire. La profondeur de son intervention est ailleurs : l'équivalence explicite entre deux figures que l'on aurait pourtant eu tendance à distinguer, le réactionnaire et le penseur. Il va de soi que l'intimidation du jugement, de la critique, de l'opposition par le diktat des faits et du cours des choses n'est pas inédite. Tous les dispositifs anticritiques usent, à des degrés divers, de la puissance de l'institué pour marginaliser ou détruire toute velléité de désinstitution. « Penser, c'est harceler l'existant », expliquait Henri Lefebvre dans *La Somme et le Reste*, en 1959. S'y soumettre, c'est ne plus penser.

Ce qui est cependant inédit, c'est l'obscénité assumée avec laquelle les dispositifs anticritiques s'exposent sans avoir même besoin de se dissimuler derrière une idéologie, comme cela a pu être le cas dans une histoire récente. Comme s'il n'y avait plus aucun intérêt à travestir la réalité – ce qui est aussi la fonction du politique –, les dispositifs anti-critiques tendent vers un degré zéro du politique, ce qu'on appelle improprement la « politique du fait accompli ». Plus efficace encore que le travestissement de la réalité : sa liquidation pure et simple. La politique du fait accompli n'est pas une politique tout comme le droit du plus fort n'est pas un droit, ce qui la rend *indiscutable.* Si Pascal Lamy ne perd pas son temps à justifier intellectuellement son jugement, c'est qu'il ne s'agit plus (pour lui) d'un jugement, mais d'un constat, et que ce constat est au-dessus de tous les jugements, étant donné qu'il est un constat de faits. Modernissime, Pascal Lamy ne juge pas mais observe ; ne critique pas mais constate. Contrairement à ses détracteurs, ceux qui manipulent des concepts réactionnaires, il n'a pas la prétention de savoir où est le bien, où est le mal, où est le juste, où est l'injuste. Il a simplement les yeux ouverts sur un monde globalisé, sur les conteneurs, Internet et les nouvelles technologies. Dire ce qui est : voilà son seul credo. Ceux qui cherchent leur réussite dans la société et qui savent, explique Jacques Ellul dans *Le Bluff technologique*, que « seul le meilleur dans l'exercice d'une technique a une chance de réussir » sont disposés à croire ce qui est déjà sous leurs yeux. L'homme qui n'est pas le meilleur, celui qui est à la traîne « de ce qui va durer », « tellement fasciné par le kaléidoscope des techniques qui envahissent son univers, ajoute Ellul, ne sait et ne peut vouloir rien d'autre que de s'y adapter complètement ». Sans y avoir intérêt – c'est aussi le premier à subir les dommages du cours des choses –, il répétera désormais servilement, à l'unisson de ses maîtres, ce qui est et se dit *globalement* partout.

Derrière la foire aux étiquettes (réac, anti-réac) se pose le problème de la réaction, autrement dit de la critique des impératifs de l'adaptation qui soumettent l'homme à la force des choses et à la logique du fait accompli.

Chapitre premier

Le programme de l'adaptation

« Soyez légers, anonymes et précaires comme des gouttes d'eau ou des bulles de savon : c'est l'égalité vraie, celle du Grand Casino de la vie ! Si vous n'êtes pas fluides, vous deviendrez très vite des ringards. »

Gilles Châtelet,
Vivre et penser comme des porcs.

Pile : – Dans un futur proche, nous serons soit morts soit adaptés. Dans certaines conjonctures historiques, des logiques dépassées par la course à l'adaptation sont encore suffisamment vigoureuses pour résister à la vague des développements en cours. C'est le moment de la crise. Des logiques antagonistes (logique sociale, logique économique ; logique éducative, logique commerciale ; logique critique, logique festive, etc.) entrent dans des conflits asymétriques – tant l'issue du conflit est certaine. La logique sociale pliera face à la logique économique, la logique éducative disparaîtra face à la logique commerciale, la logique intellectuelle sera noyée dans la logique publicitaire. Avec plus ou moins de lucidité, plus ou moins de courage, nous savons cela, le pire est toujours certain.

Face : – Le pire est toujours certain ? Bien au contraire, le pire n'est jamais certain, et c'est pour cette raison qu'il faut faire bouger les choses, s'adapter, ne pas se résigner. Pessimisme, immobilisme, renoncement : voilà ce qui caractérise toutes ces pensées de la réaction. Avec elles, tout un cortège de peurs primaires et d'attitudes défensives, de replis sur soi et de rejets de l'autre. Les pensées de la réaction ne proposent rien, ne construisent rien, elles sont négatives par nature. Elles nourrissent la misologie, la haine de la raison et du discours, de la liberté et de la démocratie, ce qui, à défaut d'intelligibilité, achève politiquement la disqualification.

En peu de mots, voici exposés les termes d'une opposition qui renvoie dos à dos deux appréhensions du monde. De quoi faire un débat. S'agirait-il simplement d'une histoire de verre, à moitié rempli pour les uns, à moitié vide pour les autres ? Les mises en scène duelles ne sont pas pour déplaire à ceux qui s'accommodent du monde tel qu'il est. Quel que soit le sujet, il y a du pile et du face, des pour et des contre, des partisans et des opposants. C'est aussi pour cette raison qu'il y aura toujours un peu de bien dans le mal, un peu de mal dans le bien, arguent les plus malins à la fin du débat. Les posologistes des valeurs savent faire la part des choses, séparer le bon grain de l'ivraie. À eux la sagesse des nations, le sens de la mesure et le cours de l'histoire. Aux autres le dogmatisme, l'absence de mesure, la réaction (« primaire », de surcroît).

Liquider la réalité

Être homme de son temps, faire bouger les choses, positiver, avoir l'esprit ouvert. Ces lieux communs qui se présentent sous la forme à peine déguisée de prescriptions morales (*il faut* être homme de son temps, *il faut* faire avancer les choses, etc.) perdent toute évidence dès que l'on cherche à les déterminer. Que signifie être *homme de son temps* quand il s'agit de savoir s'il est préférable d'enseigner à distance au moyen d'un support vidéo ou devant une salle de classe à l'aide d'un tableau noir ? Que signifie *faire bouger les choses* quand des élèves peinent à rester concentrés sur une chaise plus de dix minutes ? Que signifie *positiver* lorsqu'une dissertation de philosophie sur la liberté s'achève par Florent Pagny et sa « liberté de pensée » ? Qu'est-ce qu'*avoir l'esprit ouvert* quand on apprend que *le plus important dans la vie, c'est de kiffer* ? Ces questions un peu ridicules révèlent le potentiel comique d'une période historique qui ne prête guère attention à la réalité derrière le signe, au signifié derrière le signifiant. Si Cornélius Castoriadis, dans l'ouvrage éponyme, a pu parler de la « montée de l'insignifiance », il faut entendre cette formule au sens strict : avènement de discours et de pratiques qui ne signifient plus rien, qui ne renvoient plus à rien. Dans cette perspective, la réaction à l'insignifiance consiste en un *retour* de la réalité dans le discours, en un rappel, par-delà les positions réversibles, du signifié dans le signifiant consommé comme slogan.

Contrairement à ce qu'a pu penser Jean Baudrillard en 1995 dans son livre *Le Crime parfait* (le crime consistant en une liquidation de la réalité par la simulation de la réalité), le crime ne pouvait être *absolument* parfait. La réalité fait retour, elle résiste. Cette résistance a ceci de gênant : autant nous pouvons transposer indéfiniment les signes de la réalité, les faire jouer les uns contre les autres, les accoupler n'importe comment, les relooker au goût du jour et à la mode d'un soir, autant la réalité résiste, elle, à toute transposition.

Mais qu'est-ce que la réalité quand tout (ou presque) peut être simulé à l'aide de moyens techniques, quand il suffit d'une *bonne pub* pour renverser les valeurs et vendre du simulacre comme on vend des saucisses, par-delà bien et mal ? Si tout est réversible, si le faux est un moment du vrai (et réciproquement), quel sens y a-t-il à parler d'un retour de la réalité dans le discours ? La réaction consiste justement en un refus de la réversibilité de toute chose. La réalité n'est pas réductible à ses signes. Autrement dit, si la réaction est d'ordre oppositionnel, le ressort de cette opposition est à chercher dans la valorisation d'une réalité que l'on cherche à préserver de la disparition (réalité d'une valeur, d'une tradition, d'une idée, d'une coutume). Ce qui nous permet de préciser ce qu'il faut entendre par réaction : préservation oppositionnelle d'une réalité menacée de disparition.

Une des stratégies les plus puissantes du marché consiste pourtant à biffer les réalités (sociales, économiques, humaines) pour leur substituer un système de signes avec lequel il est possible de jouer indéfiniment. L'idéologie qui accompagne les dernières transformations d'un capitalisme technoludique, forcément joyeux et acéphale, consiste en une liquation des *référentiels*. Qu'il s'agisse pêle-mêle de la ville, de la nation, de l'histoire, de la philosophie (aujourd'hui mobilisée à des fins publicitaires et commerciales), on ne sait plus de quoi on parle. La mobilisation du signifiant tient lieu de réalité unique et masque la perte de sens qui accompagne son évaporation. Le langage finit par ne plus avoir affaire qu'à lui-même. Henri Lefebvre le souligne dans *La Survie du capitalisme* : « Le langage n'ayant d'autre référentiel que soi, la rhétorique l'emporte sur la fonction référentielle ; on entre dans les métalangages, ceux de la publicité, de la politique, de la divagation. »

À condition qu'elle participe à cette divagation générale, la critique de l'existant est favorisée. Elle devient même un moment nécessaire et incontournable de ce capitalisme nouvelle figure. Quel ennui que le monde réel, quelle banalité que la réalité ! Si la nouveauté fait vendre, il est impératif de changer le plus souvent de réalité, de la soumettre aux caprices du désir, quitte à la critiquer pour lui substituer, en fonction de la mode, les signes d'une réalité autrement plus réelle. La publicité excelle dans l'art de promouvoir, contre la réalité banale du quotidien, les signes d'une réalité autrement plus chatoyante et désirable. S'il est exact de dire que le désir fait vendre, la pseudo « révolution désirante » prend désormais la forme d'une participation plus ou moins consciente à la liquidation commerciale des référentiels de sens. Et Henri Lefebvre de conclure : « Certains en viennent, ces derniers temps, à distinguer le "monde du désir" et le "monde réel" en les opposant, de sorte que tous ceux qui admettent une réalité passent pour répressifs (du désir porté à l'absolu par la rhétorique des philosophes) et par conséquent pour "fascistes" ! » Lefebvre aurait tout aussi bien pu conclure son texte par "réactionnaires".

Que signifie admettre une réalité, si ce n'est mettre un terme à l'inflation des signes, à la réversibilité intégrale de tout en son contraire ? Quoi que vous puissiez annoncer au sujet de la *jeunesse éternelle de demain*, il y a une réalité de la vieillesse. Quoi que vous puissiez penser des *nouvelles pédagogies douces*, il y a une réalité de l'effort et du travail. Quoi que vous désigniez par un signe, il y a derrière le signe une réalité qui ne s'y réduit pas.

« Mais de quelle réalité parlez-vous ? » entonnent les plus malins. « Ne savez-vous pas qu'il est possible de faire une chose sans la faire réellement ? » « Je ne dis pas ce que je dis, je ne fais pas ce que je fais. Si je lis ce magazine publicitaire, si je regarde cette sottise, si je consens à quelque abrutissement collectif, je garde cependant une distance critique », surenchérissent encore les plus habiles. « Oui, je fais tout cela, mais comme je ne crois pas vraiment à ce que je fais, je ne le fais pas *réellement*. » Une phrase idiomatique à la mode condense à elle seule cette insignifiante inflation de signes qui prend la forme d'un immense déni de réalité : « Je le dis, mais je ne dis rien. »

Le principe irréaliste consiste à penser qu'il y a dans le faire des degrés de réalité (du faire plus ou moins réel) et que ces degrés de réalité dépendent d'une intention, d'un engagement ou d'une croyance. Ce principe permet de se soustraire à une critique qui rappellerait la réalité du faire et cela quelle que soit l'intention de celui qui le fait. Notons enfin que le principe irréaliste est particulièrement à son aise dans des univers de simulation. Qui sera le dupe ou l'invité du prochain dîner de cons ? N'est-ce pas le vieux réaliste qui n'a pas compris que c'était pour de faux, que c'était pour de rire, lui qui rappelle la réalité d'un acte, réalité à laquelle, dans la surenchère des simulacres, plus personne ne croit ?

C'est ainsi que, le 16 janvier 2012, une émission de France Inter, *À votre écoute, coûte que coûte*, pouvait, sans plus de scrupules, proposer à l'ensemble de ses auditeurs non avertis un florilège de propos racistes nauséabonds en guise de fausse interview. Dupés par la manœuvre, bon nombre d'auditeurs choqués réagissaient alors sur le site Internet de l'émission dans un sursaut d'indignation morale. Réactions elles-mêmes tournées en ridicule par d'autres auditeurs ayant démasqué la supercherie. Si l'interview ne prête absolument pas à rire, le montage ne tient que sur la duperie de tous ceux qui, sachant que de tels propos peuvent exister, sont *réellement* révoltés de les entendre à la radio. Saine réaction tournée en ridicule par les lucides du nouveau monde qui ont fait du simulacre l'équivalent du pipi-caca des cours de maternelles : quel que soit le contenu, c'est-à-dire la valeur de vérité d'un discours, il suffit de dire « C'était pour de faux » à la radio ou « pipi-caca » à la récré pour être satisfait sur le dos de tous ceux qui ne partagent pas le code de connivence du groupe émancipé.

Le vaste processus de liquidation de la réalité conduit à ce renversement que d'aucuns qualifieront de cynique : nous ne sommes pas n'importe qui, nous qui faisons n'importe quoi. Mieux, c'est parce que nous pouvons nous permettre de faire n'importe quoi que nous ne sommes pas n'importe qui. Dans l'ancienne logique (en cours de liquidation), pour ne pas être n'importe qui, il s'agissait de ne pas faire n'importe quoi, c'est-à-dire de prouver, dans un faire conséquent et spécifique, la valeur de son être, sa réalité propre. Être quelqu'un, c'était être capable de faire quelque chose. Nous tenions là une preuve de l'être : je suis ce que je fais. Mais les nouvelles logiques commerciales, économiques, publicitaires, festives ne pouvaient se contenter trop longtemps de cette preuve par le faire, une preuve trop inadaptée à la constante variation des objectifs du marché. C'est ainsi qu'elles se sont mises à promouvoir un autre type de preuve de l'être : je suis parce que je peux aussi faire n'importe quoi. Cette affirmation est rentable, puisqu'elle correspond à un surcroît d'adaptabilité. Cet opportunisme fonctionnel annule les approches dites « critiques », aussitôt accusées d'être réactionnaires car attachées à un principe de réalité. Pour les chantres de la fausse intention et du vrai simulacre, la réalité univoque et tous ceux qui s'y accrochent encore, pour ne pas s'adapter à toutes les intentions pour de faux ou pour en rire, sont par nature réactionnaires.

La fin des contradictions

Si la réaction peut être pensée comme un regain de réalisme – là où le monde des signes consommés tend à supplanter tous les autres mondes possibles –, elle fait réapparaître de la contradiction. Nous sommes tous *citoyens*, *européens*, *progressistes*. Ces antiennes générales, qui constituent aujourd'hui le lexique d'une glose globale et œcuménique, ont pour fonction de masquer des divergences insurmontables. Les moins réactionnaires seront toujours ceux qui feront fonctionner les termes de ce lexique comme autant de valeurs en soi. Celui qui conteste l'accommodation à toutes les sauces de ces termes repères (il existe aussi des marques repères et des produits de l'année, puisqu'il faut bien, à défaut de s'orienter dans la pensée, s'orienter dans le marché) ne peut le faire qu'en leur nom. Critique de la fausse citoyenneté au nom de la vraie ; de la mauvaise Europe au nom de la bonne ; des vices du progrès au nom de ses vertus. Plus de citoyenneté, plus d'Europe, plus de progrès *encore* sont les seuls remèdes aux critiques qu'ils suscitent. En d'autres termes, la critique sera unidirectionnelle ou ne sera pas. Cela signifie que les contradictions ne sont qu'apparentes, que chaque protestation est une confirmation déguisée du projet initial. Encore faut-il en avoir pleinement conscience, être lucide, comme aiment à le rappeler les experts afin de ne pas succomber trop vite aux sirènes de la réaction. Encore un effort pour faire bouger les choses, pour que l'Europe réponde au désir d'Europe, que la citoyenneté se mette en conformité avec l'aspiration légitime à la citoyenneté et que la démocratie puisse enfin se dire démocrate !

Le racolage de l'opinion (« Votre opinion nous intéresse ») a laissé la place au racolage de la critique (« Votre critique est la bienvenue »). Les idéologues d'aujourd'hui ont fait le deuil du dogmatisme. Marchands et publicistes, donc pragmatiques, ils invitent la masse critique – qui, conformément aux lois de la physique, réagit en chaîne – à remplir ses cahiers de doléances afin d'améliorer le modèle. Les spécialistes en opposition, experts en révolte, sondeurs en insurrection-qui-vient feront remonter le message. L'idéologie invente le test qualité et les vertus du feed-back. La critique est alors le moment nécessaire de confirmation du déjà en place comme le test sous contrainte mécanique renforce les normes qualité (européennes, voire mondiales) des ours en peluche ou du petit matériel de plage *élu produit de l'année* par un aréopage de faux électeurs.

Toute contradiction doit pouvoir être levée par un surcroît de régulation. L'opposition ne provient plus de la dissonance entre une réalité et un discours, mais d'une incapacité temporaire du discours à se faire passer pour la seule réalité. Ainsi, le discrédit d'une politique sera à mettre sur le compte d'une mauvaise communication plutôt que sur la réalité contradictoire de ses effets. La perte des référentiels a ceci de confortable : quelles que soient les impasses réelles – comme peut l'être l'affirmation délirante d'une croissance infinie dans un monde fini –, *on peut toujours dire n'importe quoi*. Passées dans le discours, les contradictions font débat, animent le plateau, suscitent la polémique, produisent toujours plus de signes repères que des discoureurs poudrés mais nominalistes (le mot comme seule réalité) font tourner dans les petits réseaux de la promotion commerciale. Quels seront l'opposition du mois ou le mot d'ordre de la semaine, la petite phrase du jour censée bouleverser de fond en comble la petite phrase d'hier ?

En quoi l'éducation de l'homme est-elle contradictoire avec la capitalisation des bénéfices de sa déséducation marchande ? Aucune variable d'ajustement, aucun gadget nominal, aucune petite phrase de la semaine – « Modernisons l'école »,

« Faisons du sur-mesure », « Individualisons les parcours » – ne pourra régler cette contradiction. Il est autrement plus séduisant de jongler avec des signes équivoques que de se confronter à une réalité univoque.

Étant donné que les contradictions réelles ne peuvent entraver ni le progrès, ni la croissance, ni la modernité (lancée dans une course folle au toujours plus moderne), il est indispensable de les désamorcer en les réduisant au statut d'opinion ou de point de vue dans un débat. En ce sens, le débat ne fait pas débat, il est une forme au-delà de tout soupçon. Soupçonnez le débat, et vous voilà aussitôt inscrit sur la liste noire des fauteurs de despotisme. C'est que le débat ne sert pas à débattre. Sa fonction, plus subtile, est plutôt de faire croire que tout est susceptible d'être débattu. La réalité de la contradiction entre la capitalisation des bénéfices et l'éducation de l'homme entre, elle aussi, dans un débat. Subtil glissement qui nous fait passer de la réalité des contradictions vécues au débat contradictoire. La réduction de l'espace, de la production sociale, de la société tout entière à une kyrielle d'opinions interchangeables et ajustables aux débats du jour accompagne la liquidation de la réalité et le sentiment d'une déréalisation de la pensée.

Les incantations volontaristes et autres appels à toujours plus de créativité, d'innovation et d'audace achèvent ce dispositif irréaliste. En faisant de la contradiction le signe d'une incapacité à surmonter une situation conflictuelle, ils déportent le problème sur le plan de l'incapacité psychologique et du manque d'initiative. Aux enseignants d'être toujours plus innovants (en se bougeant), aux éducateurs de trouver les moyens pédagogiques ou démagogiques pour sortir de l'impasse (en positivant). Une contradiction réelle, dites-vous ? Quel aveu d'impuissance !

Le credo émancipatoire

Que trouver à redire au désir d'émancipation des peuples et des individus ? Quoi de plus haut que la visée émancipatrice, quoi de plus noble, de plus enviable ? Les voies de l'émancipation peuvent pourtant tomber sous le coup d'une critique rétrograde, une critique qui est aussi une critique de l'émancipation, de la libération et de toute critique censée y conduire. N'est-ce pas là le comble de la réaction et le pire des antimodernismes, l'essence du réac, en quelque sorte ?

Jean Baudrillard posait cette question intempestive : que faire après l'orgie ? Posons cette autre : que faire après l'émancipation des jeunes, des moins jeunes, des femmes, des corps, du sexe, des tabous, des interdits ? Le principe émancipatoire ne répond pas à cette interrogation, car il se situe toujours avant. La mythologie de l'émancipation suppose implicitement la pérennité des mobiles émancipatoires, réaffirme qu'il est toujours bon de s'émanciper des vieux carcans et des anciens modèles. L'émancipation partage alors le destin du progrès et de la croissance infinie dans l'idéologie d'ambiance des sociétés industrielles avancées. Elle devient une fin en soi quand l'idée même de finalité en vue d'une valeur supérieure (liberté, vérité, bonheur) ne signifie plus rien.

La critique émancipatrice a besoin pour se déployer de rencontrer des forces qui s'opposent à l'émancipation des hommes. Ces forces d'opposition prennent la forme de puissances politiques, philosophiques, morales. Dans un tel contexte de résistance objective, les notions convoquées à des fins de légitimation de la critique sont transparentes. C'est cela qui faisait dire à Sartre que l'homme n'a jamais été aussi libre que sous l'Occupation. Dans une France rendue étrangère à elle-même, la liberté à reconquérir gagna aussitôt un contenu objectif qu'elle perdit progressivement une fois la liberté reconquise.

L'idée progressiste et émancipatrice selon laquelle il reste toujours à conquérir, que la lutte continue – c'est cette idée qui permet aujourd'hui à Stéphane Hessel de hisser une résistance historiquement vécue au statut de modèle intemporel – est une idée fausse. À y regarder de plus près, elle charrie une mythologie essentialiste qui fait peu de cas des transformations réelles que connaît notre monde. Qu'arrive-t-il lorsque, aux termes de toutes les émancipations, à la fin de toutes les fins, nous risquons, dans une absurde réversion de signes, de perdre ce que nous avons gagné ? S'émanciper encore ? Mais de quoi ? Les mobiles de légitimation de la critique perdent leur évidence première. Ne reste que le ressassement vidé de son contenu objectif : *émancipation, libération, lutte*. L'émancipation devenue slogan.

Le couplet du succès planétaire des Pink Floyd, *The Wall*, est connu. La traduction française de l'indiscutable interjection donne à peu près ceci : « Eh, prof, laisse les gosses tranquilles. » La déglingue corporelle, l'incontinence verbale et l'apathie psychique qui couronnent aujourd'hui, dans les salles de cours des collèges, cette liberté conquise contre les « vieux carcans » scolaires n'effraient guère les chantres de l'émancipation de demain. Les conséquences tragi-comiques des divers « *breaking the wall* » (casse le mur) de l'émancipation intégrale sont de peu de poids face à la pérennité de ce credo *ex absurdus*.

Qui s'émancipe, et de quoi, la question est rarement posée. Le réactionnaire d'aujourd'hui n'est-il pas celui qui s'émancipe des conséquences des émancipations antiréactionnaires d'hier ? Qui s'émancipera donc demain des émancipations d'aujourd'hui ? Qui pour s'émanciper de l'émancipation des tabous sexuels dans les nouveaux supermarchés du sexe ou de l'émancipation de la censure dans la diffusion planétaire et sans freins d'une stupidité marchande, universelle et mobile ? Critiquer les acquis de l'émancipation, n'est-ce pas se risquer sur une pente fatale, une coupable décapitalisation des bénéfices de l'émancipation, au risque de se trouver accusé de faire le jeu des mouvements les plus réactionnaires ?

Quel masochiste aspirerait d'ailleurs à se désémanciper volontairement ? C'est dire à quel point notre imaginaire linéaire et capitaliste (accumulation de l'accumulation) est incapable de penser au-delà de ce que Jean-François Lyotard appelait la « *promesse d'émancipation* ». Peut-on ne plus croire aux bénéfices de l'émancipation des femmes, des enfants, des vieux, des jeunes, des Noirs ou des Blancs, peut-on ne plus croire aux bénéfices de sa propre émancipation ?

Derrière la frénésie émancipatrice, il est toujours question de salut : « *sauvez-moi !* » Le slogan de grandes surfaces fait florès : qu'a-t-on fait pour vous aujourd'hui, pour vous sauver, vous aimer, vous faciliter la vie, vous cajoler, vous donner des points de réductions en caisse ? La désémancipation, quant à elle, inverse l'impératif : « *Lâchez-moi !* » Ne faites surtout plus rien pour mon bonheur, mon pouvoir d'achat, mon cancer à venir, ma sexualité minoritaire. Les bonnes âmes progressistes s'insurgent, les bonnes sœurs du sociétal (un mot curieux, sûrement construit à partir de société et de létal), du *care* et du *cocooning* en perdent leur franglais. Pour vous, peut-être, mais les autres, tous les autres, qui les sauvera ?

L'état de fait permanent

La promesse progressiste comme la promesse émancipatoire est tautologique par nature : ce qui est *est*, puisque c'est ce qui est. Si, comme l'écrit

Nietzsche dans *Humain, trop humain*, « l'accoutumance à des principes intellectuels sans raison est ce qu'on nomme croyance », c'est que l'habitude nous persuade toujours mieux que la réflexion. À l'image du plongeur qui doit scrupuleusement respecter les paliers de décompression, nous ne passons jamais d'un état à un autre sans transition. Le triomphe sans partage de l'obscénité publicitaire ne s'est pas fait en un jour. Le massacre des zones périurbaines, l'asservissement au rythme des nouvelles technologies de communication, la promotion servile de soi sur le grand marché concurrentiel du positif réclament une acclimatation progressive qui nous empêche bien souvent de mesurer l'écart entre ce que nous sommes et ce que nous étions.

Les apologistes du présent ont besoin d'un public docile, disposé à croire ce que l'habitude lui dicte. Nous serions passés au-delà de l'idéologie ? Plutôt en deçà. Si l'idéologie masque et travestit la réalité, il est autrement plus efficace de l'imposer directement, l'habitude fera le reste. *Cela se fait !* Plus besoin de masques, la réalité s'impose d'elle-même. Louange ou blâme, vous n'avez pas le choix : cela se fait, *donc* il faudra vous y faire. Il ne vous reste plus qu'à faire de nécessité vertu. Un peu de zen et de petite philosophie pour les nuls vous y aidera. N'oubliez pas votre recueil de recettes : *il y a des choses qui dépendent de vous, d'autres qui n'en dépendent pas,* ou encore *mieux vaut changer ses désirs que l'ordre du monde.* La philosophie pour les nuls assure *de fait* à la nullité un triomphe philosophique.

Précisons par un exemple le dispositif tautologique de légitimation de l'existant par lui-même. En incitant les élèves du secondaire à s'orienter massivement vers la filière scientifique dite « d'excellence » (dans le jargon de l'irréel, il existe aussi des croquettes pour chat dites « d'excellence »), l'institution scolaire siphonne en direction des maths et de la physique les rares vocations disposées à faire de la philosophie et du latin. Rapports et expertises sont formels, c'est un fait avéré, à l'heure de l'Europe (une nouvelle heure sur le cadran scolaire) nous manquons cruellement de scientifiques et de techniciens. Dans un même temps, les professeurs doivent comprendre (une question de bon sens) qu'en deçà de dix pour cent d'élèves en série littéraire cette série n'est plus rentable *de fait.* Le dénommé « réac » (entendons celui qui ne s'adapte pas à l'état de fait en s'accrochant bec et griffes aux vieux styles) manque forcément l'évolution du monde. Il aura beau arguer que l'état de fait en question n'est que le résultat d'une cascade de décisions discutables, son regard rétrograde – comment en sommes-nous arrivés à ce fait-là ? – nous fait déjà perdre du temps. L'interrogation aura toujours un temps de retard sur l'état de fait permanent. La question rétrograde des causes – question oiseuse – ne nous aidera pas à régler le problème qui se pose aujourd'hui : que faire de la série littéraire quand moins de dix pour cent des élèves scolarisés dans le secondaire la choisissent ? D'un état de fait à un autre, d'une légitimation à une autre.

L'état de fait permanent, c'est le degré zéro de la morale et l'écrasement de toute critique sous les tourniquets tautologiques : « Que voulez-vous, il faut vous y faire, tout cela est regrettable, mais c'est ainsi. » À l'heure de l'Europe : *E cosi*. Chantage exemplaire qui conjugue l'impératif du présent et fait de l'urgence d'agir l'alibi imparable de toutes les démissions intellectuelles. Peu importe que l'état de fait d'aujourd'hui soit incompatible avec celui de demain. Les contradictions sont des vues de l'esprit qui ne nous disent pas ce qu'il faut faire aujourd'hui, étant donné, et c'est un fait que personne ne viendra contredire, que nous en sommes là.

Le mouvement perpétuel

Le potache désœuvré a trouvé un passe-temps : sur le verso d'une feuille vierge, en gros caractères, il se met à écrire : « *J'ai inventé le mouvement perpétuel, tournez s'il vous plaît.* » Une fois la feuille de papier retournée, il ajoute au verso : « *J'ai inventé le mouvement perpétuel, tournez s'il vous plaît.* » Mais qui pour faire tourner la feuille perpétuellement, qui pour suivre réellement le mouvement jusqu'à la fin des temps ? Fin du mouvement perpétuel et fin de l'invention.

Cette histoire de potache, de feuille et de mouvement perpétuel, c'est un peu l'histoire de la copie blanche que rend quotidiennement la modernité à tous ceux qui pensent que demain sera un autre jour. Cette panacée prend la forme d'un satisfecit : *La modernité a inventé le changement perpétuel, changez s'il vous plaît.* Vous n'en pouvez plus ? Changez. Le monde vous ennuie ? Bougez. Vous n'y arrivez plus ? Courez. Vous n'en pouvez plus de changer ? Changez autrement. Le mouvement viendra à bout de toutes les contradictions irrésolubles.

Pour prendre le seul exemple de l'éducation, l'incroyable inflation des stimulations externes (« il faut être ouvert au monde ») est censée faire bon ménage avec le souci de soi, ce que rend l'injonction « il faut être soi-même » ou l'affirmation plus tautologique encore « je suis ce que je suis ». Ce qui intellectuellement pourra paraître incompatible – le souci d'être soi et l'injonction d'être ouvert à tout – se résoudra par et à travers l'image du changement. Ce qui devrait être un point d'arrêt, une contradiction indépassable, sera dépassé par un supplément de mouvement. Si vous constatez une antinomie entre les exigences propres à l'éducation des hommes et la rentabilité économique de l'abrutissement des masses, c'est justement la preuve qu'« *il faut changer les choses* », qu'il faut « *faire bouger l'école et la société* ».

La contradiction est ainsi devenue une idée de dogmatique. Flexibilité, adaptation, réajustement, autant de principes qui se jouent des contradictions temporaires réduites à de passagères crispations. Là même où le vieux monde était strié d'oppositions, de conflits, le nouvel horizon moderniste porte en lui les promesses d'un grand dépassement. Ce changement perpétuel promu par l'univers publicitaire n'annonce rien de précis, si ce n'est son propre modèle promotionnel. Son mode d'affirmation est par nature tautologique : « *Il faut changer parce que tout bouge autour de nous* » ; « *Il faut faire bouger les choses parce que le monde change.* » Impossible, pourtant, de mesurer l'écart qui nous reste à parcourir quand la fin elle-même est soumise aux impératifs du changement, quand on ne sait plus ce qu'elle devrait être. Dans le cynodrome du changement perpétuel, le leurre progressiste aura toujours un tour d'avance.

La tautologie du mouvement par et pour le mouvement se caractérise par une absence de finalité en tout. Il est ainsi fréquent d'entendre, à propos d'un débat dit « *de société* », ce néospiritisme bavard du « *tour de table* », qu'il s'agissait là d'un sujet sans fin. Comme cette feuille de papier que l'on pourrait en droit (exception faite des contradictions réelles) tourner sans fin sur elle-même, le débat en droit ne finira jamais. Il sera repris par d'autres débats, car c'est un vieux débat, un débat avec lequel on n'en finira pas de sitôt. On mesure ainsi la valeur d'une discussion à sa capacité de durer. Les animations bavardes que sont les trop fameux « débats de société » se solderont ainsi : « Il faut s'arrêter là, mais nous savons tous qu'il reste tant de choses à dire. »

Se prévalant de l'idéal critique, mais oubliant un peu vite que la critique du dogmatisme est avant tout une recherche de la vérité, les mouvementistes admirent leur capacité à changer d'idées et à moduler leurs idées du changement. Si tout peut faire l'objet d'un débat, si toutes les opinions sont audibles, à condition qu'elles soient accompagnées d'une opinion contraire, il est une chose qui reste proprement inacceptable : refuser le débat et mettre fin à la discussion. L'inacceptable, ce n'est pas de dire quelque chose, mais de dire que tout ce qui pourra être dit encore ne fera que répéter la même chose. L'hérétique du mouvement perpétuel, c'est celui qui soutiendra que tout est dit.

Libre à vous de critiquer le capitalisme, le libéralisme, la course au profit, la pollution de l'air, si cela peut entretenir le mouvement de la discussion, si cela suscite et entretient un débat. Une condition, cependant : restez ouvert à la discussion afin que rien ne s'arrête, que vos positions ne condamnent pas la circulation des autres. Ici s'éclaire le véritable enjeu : la critique efficiente est tout à fait secondaire. La valeur d'une critique ne se mesure pas à son coefficient de vérité sur une échelle que l'homme désapprend chaque jour un peu plus à gravir, mais à sa capacité d'être reprise, à sa *valeur d'animation*.

L'animateur est en effet le professeur de foi du mouvement perpétuel. Lui seul sait, d'un savoir vivant et accessible – à défaut d'échelle normative, tout doit se trouver à portée de la main –, ce qui bouge et ce qui ne bouge pas, ce qui mettra en mouvement et ce qui restera pour toujours inanimé. L'animateur, ce champion du mouvement, est le garant d'une bonne agitation, il est le faiseur d'ambiance. Son ennemi : l'entropie, la fin du mouvement par dissipation irréversible de l'énergie motrice. Comme le surfeur attend la vague qui le mettra en mouvement, l'animateur guette le sujet porteur, celui qui fait bouger les choses et qui nous libérera, le temps d'un débat, des « anciens carcans » (on notera en passant que la formule « anciens carcans » est en passe de devenir une nouvelle tautologie, puisqu'il va désormais de soi que les carcans ne peuvent être qu'anciens).

C'est ainsi que le mouvement perpétuel se confond avec la fonctionnalité. Dans l'injonction « il faut faire bouger les choses », l'impératif « il faut » n'a pas forcément la valeur d'une prescription morale. Il peut s'agir tout aussi bien d'une nécessité fonctionnelle : il est absolument nécessaire de faire bouger les choses et d'être en mouvement pour éviter la chute. Les lieux communs servent à cela : nous faire croire encore à une alternative possible.

« Il faut faire bouger les choses ! » Comme s'il était encore possible de ne rien faire bouger du tout, autant dire de ne pas déplacer quotidiennement l'acier de sa voiture, les minerais de son portable ou l'équivalent pétrole de ses fruits exotiques. Il aura fallu attendre l'avènement d'une période historique inégalable en matière de déplacement d'objets, de mouvement de choses, de transferts de matière pour que l'impératif du mouvement l'emporte sur tous les autres. Si la critique des lieux communs vaut une minute de peine, c'est justement parce que les lieux communs, ces résidus d'un temps, pour reprendre l'idée de Jacques Ellul, nous disent ce qu'il en est.

Si l'injonction du mouvement ne nous intime pas seulement de bouger (puisque nous le faisons déjà, et plus que de raison), que nous dit-elle d'autre ? Elle nous livre, sous une forme intellectuellement essorée, « le discours de l'adaptation au mouvement supposé du monde comme il va. En quoi les "mouvementistes" sont aussi hypermodernes. Bouger avec ce qui bouge, tel est l'idéal. L'idéal néo-conformiste » (P.-A. Taguieff, *Résister au bougisme, Démocratie forte contre mondialisation techno-marchande*).

À l'école de Publicitus

Le programme de l'adaptation, du mouvement perpétuel, de l'état de fait permanent a trouvé son nouveau maître et ses nouvelles écoles : *Publicitus* (cette belle trouvaille de Michel Clouscard) et les sciences pub. Ouvert à tous les savoirs, aux modes d'apprentissage les plus frais, au téléguidage des aptitudes en réseaux, Publicitus est constamment à l'écoute ; il s'adapte à tout. Publicitus plane au-dessus de vos têtes, il est le nouvel ange des médias, le plasticien de vos rêves pédagogiques, l'enchanteur de vos stages. Avec Publicitus, pour plus de démocratie, de liberté, d'égalité et de points de réduction à la Fnac, finis les avertissements sur les bulletins de classe, les sanctions disciplinaires pour raisons d'idiotie, finies les incertaines hiérarchies de valeurs.

Dans le bureau de l'« hyperprésident », Publicitus tient son idée : moins d'histoire-géographie en terminale pour une école toujours plus citoyenne et des scientifiques vraiment scientifiques. « Publicitus n'était pas qu'un arriviste, mais un ambitieux aux dessins ténébreux. Même le Grand Boss le craignait. C'est que Publicitus était un homme universel, d'un talent redoutable. (Il avait organisé lui-même le ministère de l'École émancipée, alors qu'il n'avait aucune information en ce domaine) » (M. Clouscard, *Néo-fascisme et idéologie du désir, Les tartuffes de la révolution*).

Publicitus aime le langage et les mots importants : *science, humanité, citoyenneté*. Publicitus a compris que le signe était tout. Dans son école pour Publicitus, il a appris, avec ses *Power Point* du soir, que le mot pouvait faire recette car personne n'avait plus le temps de vérifier derrière les mots. La réalité ? Quel vieux bazar ! Publicitus sortant de son cours pour Publicitus s'écria un jour dans le couloir des nouveaux maîtres du monde : – « Que le verbe soit », et le verbe fut. Un verbe multicolore, sur plaquettes, fiches et magazines. Et les Publicitus se souriaient, ils étaient *humanistes, citoyens, démocrates*. Et ils souriaient encore. Ils avaient compris qu'il suffisait de le dire pour en être.

C'est alors que le verbe de Publicitus se reproduisit comme des petits pains. Il lança des mots en l'air, les gens sérieux des instituts reprenaient ces mots et les critiquaient durement : – « Comment est-ce possible de dire que l'école est citoyenne alors qu'elle ne l'est pas encore assez ? » « Mais ils sont d'accord avec moi ! » s'exclama Publicitus : – « Oui, vous avez raison, l'école sera plus citoyenne et plus juste encore. » Dans un éclair de rien du tout, Publicitus inventa pour eux le débat participatif, le débat sur l'école, les comités de consultation. « Qu'ils se perdent tous dans mes signes et mes dédales, se réjouissait Publicitus, ne savent-ils pas encore que j'en suis le maître ? »

Collège unique, lycée unique, bac plus cinq unique, Master pro de Publicitus pour tous, c'était là son rêve. Et il se fit plus démocrate que le démocrate : « Vous parlez d'égalité de droit, mais moi, Publicitus, je vous parle d'égalité de fait. Après le collège unique, le lycée unique, car je suis démocrate », s'enthousiasma Publicitus. « La faculté est un droit, mais des disciplines vétustes sont un frein à l'égalité : trop exigeantes, trop peu égalitaires. Les anciennes hiérarchies ne sont pas démocratiques, citoyennes et justes. Regardez-moi, je suis le grand Publicitus, le nouveau maître du monde. Il y a un siècle, j'aurais été valet de chambre d'un professeur ; aujourd'hui, les profs sont mes obligés. Regardez-moi, je suis le monde nouveau, l'avenir de la démocratie, la dernière critique des droits formels, le sens de l'histoire. Les anciens, les vieux réacs, jalousent mes succès. Je suis pourtant l'esprit du temps, le dernier pouvoir sur l'esprit, le maître des imaginaires. Je créerai des signes et d'autres encore, des débats et des instituts de formation au débat. Ma race est innombrable, car c'est la dernière. Qui peut encore se dresser contre mes triomphes ? Qui ne voit pas que je suis légion, moi, Publicitus, moi l'éducateur adapté au monde d'aujourd'hui ? »

« Publicitus ne lâchait jamais son micro, aussi put-il couvrir la rumeur de sa belle voix sonore : “Non seulement l’intendance suivra, mais le peuple aussi. Le peuple a toujours suivi les poètes et ceux qui proclament les nouvelles tables. Je me charge de ses mauvais bergers, des bureaucraties qui prétendent le représenter. Monsieur le Grand Argentier, je vous le répète : Que l’imagination prenne le pouvoir !” » (M. Clouscard, *op. cit.*).

CHAPITRE 2

L'inadaptation qui vient

« Un jour prochain, le social sera totalement réalisé, et il n'y aura que des exclus. Dans une société parfaitement conforme, il n'y aura plus que des individus anomaliques, des catégories désocialisées, qui n'auront même plus de rapport, dialectique ou autre, avec les institutions sociales. »

Jean BAUDRILLARD, *Le Paroxyste indifférent.*

Personne n'ira contre cette évidence : les temps changent. Reste à savoir si les hommes changent aussi vite que leur temps, s'ils peuvent accompagner *durablement* (le mot fait le tour des tribunes) les changements en cours. Toute la question est de savoir si l'énergie dévolue à l'incessante promotion du changement pourra contrecarrer la puissance inertielle des masses humaines qui ne veulent pas changer, qui ne le peuvent pas. Ce n'est pourtant pas faute d'essayer. Les initiatives se multiplient en effet pour les faire participer, leur donner la parole, les faire interagir. Mais la réclame du changement se heurte aux habitudes rétrogrades, aux vieilles manies. Si le monde s'adaptait perpétuellement à la totalité de ses changements, si à chaque instant les hommes changeaient avec leur temps, l'idée même de *crise* n'aurait aucun sens. Comme le note Jean-François Lyotard dans le texte daté de 1976 *Petite Mise en perspective de la décadence et de quelques combats minoritaires à y mener*, « le capital est crise parce que, comme le disait Marx, il lui faut détruire les institutions, les valeurs, les normes précapitalistes, réglant la "production" et la "circulation" des biens, des hommes, des femmes, des enfants nés et à naître, des mots... Mais il l'est encore parce qu'il doit procéder sans cesse à la destruction de ses propres créations ». C'est à cette destruction permanente que l'on donne le nom de changement. Encore fallait-il rendre ce changement désirable.

Les collabos de la destruction

Le « désir de changement », mot d'ordre incontournable de la politique spectacle, pourra être pris comme l'autre nom d'un désamour de soi, des autres, de la société dans son ensemble. Le capital a besoin, pour accomplir sa besogne, de collabos de la destruction. Tous se retrouvent autour d'une idée fixe, celle-là ne change jamais : changeons !

Ce qui est en jeu dans ce soi-disant désir de changement n'a pourtant rien à voir avec le changement. L'impératif peine à dissimuler les raisons de son succès : tout faire pour conjurer une grande lassitude, une immense panne de désir qui frappe la société dans son ensemble. Désir morbide qui s'exténue dans le spectacle de la destruction. Spectacle d'une complicité entre les hommes et le capital. Incapables d'aimer, de désirer, de vivre, louons les vertus iconoclastes de ce capital sans tête qui nous innocente quotidiennement de notre propre apathie. Pareil à l'enfant qui ne sait plus jouer autrement qu'en détruisant ses jeux, l'homme à bout de souffle est incapable de conserver quoi que ce soit.

Contrairement à ce que proclame l'idéologie du changement perpétuel, la conservation nécessite autrement plus de courage que le changement perpétuel. On ne peut conserver quelque chose (une institution, une valeur, une norme, un amour) sans résister activement à l'ensemble des forces qui conspirent à sa destruction. Mais, curieusement, dès qu'il s'agit de conservation, l'accent est aussitôt mis sur la passivité plutôt que sur l'activité, sur la résignation plutôt que sur la résistance.

En termes économiques, l'idéologie du changement s'appelle croissance. Si la destruction est inhérente à l'impératif de croissance (renouvellement permanent des produits industriels), le changement devient une nécessité structurelle. Que cette nécessité, par une étrange réversion des signes, se transforme en valeur, et c'est la destruction programmée (anticipation de la durée de vie d'un objet, d'une réforme, du changement lui-même) qui fait office d'horizon désirable pour tous. La résistance au changement prend aussitôt la forme d'une antivaleur. Les apologues de la marche du monde masquent ainsi avec soin son principal ressort, sa dynamique essentielle : la destruction comme moyen et fin.

Un des paradoxes de l'idéologie du changement pourrait être formulé ainsi : l'organisation rationnelle et planifiée de l'obsolescence de toute forme de production impose une réadaptation constante des hommes à des finalités provisoires. Ces finalités sont elles-mêmes toutes orientées vers une seule fin, le renouvellement perpétuel au moyen d'une destruction perpétuelle. Dans une telle logique, l'adaptation, cette vertu fonctionnelle de la planification de l'obsolescence (chaque atome individuel s'efforçant de fonctionner dans sa fonction), n'est pas simplement souhaitable, mais absolument nécessaire.

Reste à savoir si l'homme peut suivre le rythme, s'il est capable de s'adapter aussi vite que la destruction inhérente au processus de production. À mesure que croît l'adaptation croît l'inadaptation. Cet effet involontaire de l'impératif économique de croissance constitue une sombre menace, autrement plus inquiétante que toutes les oppositions idéologiques proclamées. Il s'agirait plutôt d'une masse sombre, forcément invisible aux yeux de tous ceux qui scrutent le grand corps social (avec force sondages, carottages et curetages d'opinion) dans le seul but de le voir fonctionner encore et mieux. La masse croissante des inadaptés forme une étrange communauté invisible, la communauté de tous ceux qui ne peuvent pas plus, qui ne peuvent pas mieux, qui ne veulent pas autre chose, qui ne savent plus comment faire ou qui veulent juste en rester là. Les collabos de la destruction, sans y regarder de trop près, sans même la voir, qualifient la masse inerte de réactionnaire, passéiste, attentiste, rétrograde. Tel Dieu qui souffla dans la glaise pour animer ses deux marionnettes, ils n'ont pas de plus grand souhait que d'insuffler à la masse l'espérance, le changement et le renouveau. Pas un programme politique qui ne veuille réanimer le grand corps des inadaptés afin qu'il participe aux destructions qui chantent.

Les adaptateurs

Nos sociétés ont donné jour à un nouveau type d'homme dont l'activité consiste à commuter entre eux les savoirs et les pratiques afin que personne n'en soit privé. Appelons ce nouveau type d'homme *l'adaptateur.* Son rôle est identique à celui des petits boîtiers électriques qui font passer du 220 volts au 12 volts. Les textes philosophiques sont peu accessibles, difficiles d'accès, ésotériques ? N'ayez crainte, *l'adaptateur* de philosophie vous les rendra accessibles. Dans des petits magazines au « design » soigné (design : ce qu'il reste du signe quand le sens a disparu), l'adaptateur vous fera aimer le difficile, transposera l'ésotérique en exotérique.

La contradiction entre la concentration philosophique et l'expansion démocratique n'était donc qu'apparente. Il est possible de démocratiser la philosophie, de la rendre au peuple (qui s'en passait pourtant fort bien), en un mot, de l'adapter aux nouveaux publics. À condition que l'on s'en donne la peine et que l'on brise les logiques élitistes (ce vieux fantôme qui peine à effrayer encore), *rien n'est inadaptable.* Le principe qui gouverne l'activité de l'adaptateur est simple : enlever le mauvais gras, l'obsolète, le daté, les résidus historiques, l'opacité de la langue, pour rendre *enfin* l'œuvre accessible à tous et pour tous. En régime d'adaptation intégrale, l'inaccessibilité d'une œuvre est un scandale. De quel droit l'œuvre ne s'adapterait-elle pas elle aussi aux transformations en cours, aux impératifs de changement, à un monde qui bouge ? Pour quelle raison supérieure Nietzsche ne finirait-il pas, lui aussi, en bandes dessinées ou en occasions de causerie sur un plateau de télévision, un dimanche matin à l'heure de la messe ? Une immense commutation est en marche économique forcée. Elle fait passer les énergies fortes, immaîtrisables, singulières, en énergies faibles, canalisables, reproductibles, disponibles pour un public. Mais trop de communicabilité retire toute force à l'idée. *Traité de savoir-vivre, traité d'athéologie, petit traité des vertus* ? Nietzsche avait déjà son idée sur la chose : « Je n'écris pas de traité : ils sont pour les ânes ou les lecteurs de journaux. »

Les métiers de l'adaptation bénéficient de toutes les attentions. D'aucuns les diront même d'intérêt général. Le nombre se réjouit : « Heureusement qu'ils existent, que serions-nous sans eux ? » Plus aucun risque de se brûler la cervelle, de ressentir l'angoisse face à ce qui échappe ou de prendre le jus. Mieux, à leur côté, on se sent beaucoup plus intelligent, serein même. Politique, art, philosophie, cinéma ou culture, les adaptateurs, ces spécialistes de la mise en fiches transposent, reformulent, retranscrivent dans les termes d'un nouveau code, élémentaire et accessible, les restes d'une histoire humaine complètement inadaptée aux impératifs du présent et à l'état de fait permanent.

Inutile de pousser des hauts cris à la récupération par le Système (ce nouveau Dieu païen), l'adaptation est d'une autre nature. En quoi consiste la récupération ? Un projet, une idée, une pratique qui se voulaient révolutionnaires, voire iconoclastes, se retrouvent intégrés aux dispositifs qu'ils étaient censés subvertir. Il n'y aura ni discontinuité, ni renversement, mais au contraire renforcement de l'ordre par digestion de l'opposition affichée. Souvenons-nous du beau slogan paranoïaque de 68 : « Camarades, attention, les récupérateurs sont parmi nous ! » Ne reste plus qu'à les trouver. Le groupe Leclerc rend par exemple hommage à quelques slogans bien connus de 68 (dont le très fumeux « Il est interdit d'interdire ») pour promouvoir la libération des chariots contre les diktats de la vie chère et de la baisse du pouvoir d'achat.

Mais, à la différence des récupérateurs, dont le cynisme cruel peut susciter fascination et dégoût, les adaptateurs ne détournent pas, ils ajustent ; ils ne trahissent pas, ils affadissent. La philosophie en maternelle ou l'histoire pour les nuls ne peuvent faire naître que des affects mous, un vague hochement d'épaules, un sourire encombré. Car l'adaptation généralisée, nous dit-on, ne fait de mal à personne. Vous ne lisez pas Nietzsche dans le texte ? N'ayez crainte, vous vous rattraperez sur le roman de sa vie, sur la bande dessinée, le jeu de société ou la carte postale. Là où la récupération est un défi qui suscite en retour un contre-défi antagoniste (la récupération est dialectique, au sens où elle se développe en renversant le renversement), l'adaptation étouffe les contradictions par accumulation de fadaises et amoncellement de niaiseries.

Les adaptateurs sont les grands redondants du nouveau monde. Ils ne savent pas forcément pourquoi, mais ils veulent faire passer des choses, diffuser des trucs, partager des machins avec l'ensemble de l'espèce. Comment faire passer à ceux qui n'en veulent pas (les nuls) ce que nous voulons (et le marché avec) pour eux ? Derrière l'adaptateur, il en va de tout un marché à conquérir. Personne n'est indifférent à la philosophie, clament les adaptateurs, à condition que la philosophie concerne le public, qu'elle lui parle de ses préoccupations, de sa vie, de ses problèmes, bref, qu'elle s'adapte.

Oser critiquer les adaptateurs, c'est risquer de se mettre à dos leur public et la bonté de leurs intentions. « Voyons, s'exclament mollement les professionnels de la retransmission, ils ne font de mal à personne, ils adaptent simplement, modestement, au service des auteurs, pour la philosophie, la culture et les Lumières en vue de l'humanité tout entière. » Vous voilà déjà en train de vous défendre ? Élitiste, sectaire, réac ! N'avez-vous pas honte de garder la philosophie pour vous, égoïstement, et de laisser les nuls à leur misérable sort, de refuser d'adapter toutes ces richesses millénaires aux aspirations de l'homme nouveau ?

Les résidus de l'adaptation

L'imaginaire de la contestation reste marqué par l'attente du grand soir et du dernier brasier. La parabole biblique, par l'eau (le Déluge) ou le feu

(Sodome et Gomorrhe), porte en elle l'espoir d'une liquidation. Cette liquidation de la dernière heure sera violente, une violence à la hauteur de la violence du vieux monde qui disparaîtra avec elle. Le terme *insurrection* – ce mouvement de soulèvement contre un pouvoir établi – évoque aussi bien la force d'une communauté qui s'insurge que la promesse d'un renversement politique. L'insurrection sera inattendue, collective et spectaculaire, autant de mot-valeurs qui collent parfaitement aux désirs de ceux qui refusent la routine, aiment les bains de foules et les émotions fortes. L'insurrection est promesse de combats, affrontement à mort entre les valeurs des dominés (minoritaires et opprimées) et la valeur des dominants (majoritaire et opprimante). L'imaginaire de l'insurrection est celui de la lutte et de la résistance.

Contrairement à ce que promet l'imaginaire insurrectionnel du combat et de la lutte, celui de *l'inadaptation* ne pas fait pas rêver : inaptitude, incapacité, déficience, voire carence. Avec l'inadaptation, nous touchons presque au handicap. Si l'adaptation est la valeur par excellence, la qualité du toujours plus moderne et du toujours plus actuel, l'inadaptation est une tare. Elle désigne l'homme amoindri, le sous-homme qui ne peut plus suivre le rythme du changement. Tout faire pour ne pas être pris en flagrant délit d'inadaptation : modes d'emploi, formations accélérées, fiches cuisine. Les primo-arrivants sur le marché obèse des télécommunications et des jeux vidéo n'auront aucune excuse, les fabricants se chargent des remises à niveau. *L'iPhone 4 pour les nuls* est déjà dans les bacs.

Il ne suffit pas de dire que nous – qui nous ? – créons de nouveaux besoins, encore faut-il créer l'homme de ces besoins, le consommateur parfait, celui qui colle à l'offre – mieux : qui l'anticipe. Qu'il s'agisse des TICE (technologies de l'information et de la communication pour enseignant) ou du dernier modèle de téléphone portable, l'inadaptation correspond à une perte sèche de part de marché. Guy Debord, dans ses *Commentaires sur la société du spectacle*, formule tout cela avec exactitude : « Une loi générale du fonctionnement du spectaculaire intégré, tout au moins pour ceux qui en gèrent la conduite, c'est que, dans ce cadre, *tout ce que l'on peut faire doit être fait*. C'est dire que tout nouvel instrument doit être employé, quoi qu'il en coûte. L'outillage nouveau devient partout le but et le moteur du système. » Quand tout conspire vers l'excitation permanente sous les décharges électriques de la dernière nouveauté, l'inadaptation est un frein, le véritable boulet du toujours plus moderne.

Une menace plane : que faire si les résidus de l'adaptation n'en veulent plus, s'ils sont incapables d'en absorber encore, d'en ingérer davantage, s'ils ne peuvent plus suivre ? Nombre des éduqués, des participants, des oies citoyennes gavées de nouveaux projets éducatifs, de participations interactives, sommés de s'adapter au plus vite sous peine de rester sur la touche.

Ce qui est à proprement parler incompréhensible et inintégrable pour les adaptateurs de métier, c'est que l'on puisse vouloir justement rester sur la touche. Impossible à quantifier (ce qui est déjà inquiétant à l'heure où tout *doit* l'être), il existe pourtant un seuil à partir duquel l'inaptitude et l'incapacité permettent à l'homme de se retrouver en échappant au triste destin de l'oie. Ce seuil de renoncement fait apparaître l'homme comme le résidu des systèmes d'intégration, le reste qui fait obstacle au déploiement sans limite du grand marché de l'adaptation.

Ne jugez pas

Bien malgré lui, la phrase du philosophe Gilles Deleuze, « Ne jugez pas, expérimentez », a fait des petits. Pour reprendre son style, partout ça bidouille, ça essaye, ça expérimente. « Avant de condamner en bloc telle ou telle ineptie, de renvoyer à néant les derniers efforts en matière pédagogique, participative, interactive, gustative ou communicationnelle, de grâce, expérimentez ! » D'ailleurs, avons-nous encore besoin de juger, de peser le bon et le mauvais, d'opérer un tri dans une situation où la question de savoir ce que nous consommons devient indécidable ? Un des personnages du *Dialogue sur l'achèvement des temps modernes* de Jaime Semprún, discourant sur la bière et ses ersatz, dit cela très bien : « Qui s'obstine à comparer le mauvais ou le médiocre au bon, ou au souvenir qu'il en a, prend l'habitude de juger. De là il en arrive très vite à penser, c'est-à-dire à compléter ses jugements, à les organiser et à les généraliser. Or, l'usage de la pensée, inutile quand on ne peut presque rien prévoir des mutations de la boisson et de bien d'autres choses, est en outre néfaste, puisqu'il entretient en nous cette sensibilité génératrice de déplaisir ou de douleur dont celui qui a abandonné toute idée de goût personnel est heureusement délivré. »

Pour quelle raison s'évertuer à juger encore quand ce qu'il s'agit de juger se dérobe à toute forme de jugement par excès de complexité ou de sottise ? Entre le règne de l'expertise et celui de l'insignifiance, entre complexité et sottise, donc, une vaste zone de stabulation s'organise dans laquelle le jugement fait figure de résidu inutile de l'ancien temps. Pis, d'archaïsme coupable. Celui qui juge, ce trouble-fête, introduit subrepticement une distance réflexive dans la positivité des choses, dans cet état de fête permanent (la fête doit être comprise comme ce qui advient lorsqu'une société *ne veut plus rien savoir* d'elle-même).

C'est aussi du problème de la conscience qu'il est question. Celui qui juge a nécessairement conscience que les choses pourraient être autres que ce qu'elles sont. Conscience tragique quand le jugement de l'esprit s'accompagne d'une incapacité pratique à changer l'ordre des choses. Devant l'insurmontable dégoût que suscitent en nous certaines actions, certaines bassesses pourtant présentées comme d'incontournables progrès, autant d'évolutions qu'il serait malséant de juger faute de venir grossir les rangs de la réaction, « la conscience, comme disent les théologiens, remurmure en nous contre l'éventualité honteuse ». Vladimir Jankélévitch, dans *La Mauvaise Conscience*, ajoute : « La conscience n'est rien en dehors des sentiment cruels qu'elle suscite. »

Tout jugement porte en lui une part de cruauté. Les consciences ensoleillées, selon la belle formule d'Antonin Artaud, voudraient conserver les privilèges de l'esprit sans payer le prix des crises de conscience et des tragédies du jugement. « Point trop n'en faut », clament les plus malins, ceux pour qui l'esprit est un instrument utile pour escroquer son semblable et s'orienter dans le marché.

Une pensée au service de l'adaptation, entièrement disponible aux dernières astuces. Pensée pragmatique évaluée par des indices objectifs à l'aune de ses résultats, de sa rentabilité économique et monétaire. Pensée de l'anticipation, toujours en avance d'un coup sur le troupeau des suiveurs, tous ceux qui ne devancent pas l'inéluctable marche du progrès, tous ceux qui ne devancent plus rien, la somme des inaptes. Pensée de stratège où chaque conscience armée évacue le doute et l'angoisse afin de ne laisser aucune prise à son voisin ennemi. Que viendrait faire le jugement – ce fardeau inutile qui nous met aussitôt en porte-à-faux avec le monde – dans une telle logique ? Pourquoi se gâcher la digestion en jugeant le dérisoire, le médiocre, le mesquin, l'obscène quand le temps est compté pour se faire une place sous les néons de la lampe à bronzer ?

Afin de ne pas heurter, toute pensée se doit d'être réversible : critique mais positive, lucide mais adaptée, consciente mais efficace. Là où tout doit être deux en un, trois en cinq ou quatre en huit, les jugements souffrent d'un défaut de réversibilité. Tout cela réclame un nouveau talent, celui de n'en avoir aucun. Admirez Forrest Gump, crétin cinétique qui traverse les idéologies du siècle sans encombre. Modèle de l'homme complet, figure exemplaire de l'adaptation. Parangon de réussite pour notre temps. Steve Jobs, Forrest Gump cybernétique, aura droit aux louanges béates et aux épithètes réservées jadis aux Copernic, Galilée, Newton : un génie visionnaire en avance sur son temps. Quand des milliers de Forrest Jobs et de Steve Gump se poussent les uns les autres pour inaugurer la cybernouveauté du mois dans des boudoirs feutrés et high-tech, Steve Jobs est plus vivant que jamais, « immortel », osera même le journaliste. Peu importe que les objets promus aliènent encore et mieux, que les gadgets informatiques transforment l'homme en machine à cliquer et que tout cela, pour finir, ne mène à rien. Mais que valent ces jugements face à l'ampleur indiscutable d'un succès planétaire ?

Bienvenue dans un monde qui en a fini avec le système du jugement, où le succès des uns impose respect et déférence à tous les autres. Immense déploiement tautologique de ce qui est, de ce qui marche, de ce qui fonctionne plus vite et mieux que tout le reste. Dans ce monde-là, les jugements de valeur doivent s'effacer au profit d'une police de la mondanité. La question n'est plus, alors, de savoir si une chose est intrinsèquement condamnable au regard de principes moraux supérieurs – ce qui qualifie justement la position dite *réac* –, mais de mesurer sa conformité à « ce qui se fait », à « ce qui ne se fait pas » : « Ça se fait, ça se fait pas », « ça se dit, ça se dit pas » : autant de critères qui entretiennent l'illusion de l'exercice d'un jugement lucide sans pour autant prendre le risque de mettre en avant des valeurs que l'irréalisme ambiant condamnerait au nom de la critique (convenue) du « politiquement correct ».

Adaptation et exigence morale – entendons par exigence morale toute attitude intellectuelle qui se préoccupe des valeurs qu'une société institue ou condamne – ne font pas bon ménage. « On peut se demander s'il ne faut pas, pour être un tant soit peu "moral", être un peu de mauvaise humeur, c'est-à-dire mal dans sa peau, dans sa position, dans l'univers où l'on se trouve, donc, être contrarié, voire choqué ou scandalisé par des choses que tout le monde trouve normales, naturelles, et privé en tout cas des profits de conformité et de conformisme qui échoient spontanément à ceux qui sont spontanément conformes ; s'il ne faut pas, en un mot, avoir quelques intérêts à la morale (qu'il ne faut pas se cacher) » (Pierre Bourdieu, *Actualité de Karl Kraus*).

Triomphe du psychologisme

Lorsque Georges Politzer, avant la Seconde Guerre mondiale (il périra sous la torture de la Gestapo après avoir refusé de se renier au terme de toutes les violences psychologiques dont les tortionnaires sont capables), évoque les relations étroites qui peuvent exister entre police et psychologie, il est bon de tendre l'oreille. Henri Lefebvre relate, dans *L'Existentialisme*, ce que Politzer, auteur d'une remarquable *Critique des fondements de la psychologie*, pensait de l'engouement naissant pour ce nouveau discours. « La psychologie des individus et des foules apporte une aide précieuse à la bourgeoisie déclinante. Elle permet d'agir sur la conscience, sur les superstructures, et de paralyser, dans une certaine mesure, la volonté des masses. La psychologie complétera la violence. »

À condition d'ajouter que le temps viendra où cette violence sera celle de tous contre tous. Tout un chacun, bourgeois ou prolétaire, enseignant ou pompiste, shampouineuse ou huissier, sera à présent *psychologue.* Les magazines dits « féminins » (on pourrait les dire aussi abrutissants ou glauques), à défaut d'interroger ce qui les rend abrutissants ou glauques, regorgent de concepts freudiens : « *Et si c'était l'Œdipe ?* », « *Ne soyez pas castratrice* » ou « *Arrêtez de refouler !* », autant de dossiers de fond qui complètent la panoplie post-moderne de la consommatrice à la page. Qu'il s'agisse d'amour, de sexualité ou d'alimentation, le « *psychologue* » a son mot à dire – notons que « *le philosophe* », c'est un fait récent, le rejoint au pas de charge, y compris sur les questions d'épilation du maillot.

Le psychologisme consiste, dans un vertige tautologique, à rendre tout le monde psychologue, de soi-même, des autres, de sa propre famille, de son désir et même – ne jugeons surtout pas afin de garder l'esprit ouvert pour ne pas venir grossir les rangs de la réaction – psychologue de son chien. Les notions de névrose, psychose, hystérie, refoulement, censure, résistance, tout autant que celles de moi, de ça ou de surmoi, posées sur la feuille sans autre procès que celui intenté à l'intention de l'autre (l'objet du diagnostic psychologique), font office de vérités dernières et indiscutables. En face d'une objection difficile, d'un problème embarrassant, retournons-nous plutôt sur les motivations de celui qui les pose, soupesons ses intentions cachées et forcément inavouables. Pourquoi poser un tel problème ? Pourquoi vouloir embarrasser ? Est-ce par narcissisme, pour des raisons œdipiennes, par jalousie ou par ressentiment ? Celui qui critique le possédant veut inconsciemment posséder, c'est certain. Celui qui conteste l'ordre en place désire inconsciemment participer à cet ordre, c'est évident. Celui qui s'insurge contre telle ou telle bassesse du progrès ne fait qu'exprimer son mal-être et l'étroitesse de ses vues, c'est indubitable. Un nietzschéisme de pacotille accompagne le mouvement. Haro sur le ressentiment et l'esprit de vengeance ; Hourra pour la construction du Surhomme ! Dans un tel contexte, qui aura encore le courage de ramener son ombre ?

Avant d'oser casser l'ambiance, faites plutôt le tour de vos intentions cachées, révélez à tous vos secrètes motivations, les ressorts inavouables de votre réaction. Avez-vous, par exemple (ce n'est là qu'un exemple), des problèmes sexuels, jouissez-vous en quantité suffisante, à défaut, prenez-vous au moins du plaisir ? Il doit forcément y avoir du sexe là-dessous, une frustration infantile, une castration minimale, pour les plus audacieux un soupçon d'analité. Pour quelle raison être si méchant quand il est prouvé scientifiquement que la tolérance et l'ouverture d'esprit sont avec les antioxydants et l'eau de source vos meilleurs atouts contre la dépression ou le cancer ?

« *C'était donc ça* », se félicite le faux lucide. « *Cela explique tout* », surenchérit son voisin. « *Que sa vie doit être triste* », concluent à l'unisson les nouveaux juges de l'orthopédie psychologique. Le triomphe du psychologisme, cette *reductio ad freudum*, accompagne la condamnation implicite du jugement. Quoi de plus démodé que d'envisager des hiérarchies de valeurs autorisant les hommes à situer leurs œuvres sur une échelle verticale : le haut en haut et le bas en bas ? Quel signe évident de rigidité mentale et d'étroitesse d'esprit !

Le psychologisme est l'idéologie par excellence de l'adaptation. L'inaptitude à suivre la marche des choses et l'avancée progressiste, la résistance à la flexibilité ou à la réorientation permanente sont à mettre sur le compte d'une rigidité psychologique ou d'une angoisse. À la faiblesse psychique des uns

– faiblesse qui se traduira par un penchant à la réaction et à l'opposition systématique – il convient d'opposer la force d'âme des autres, modèles d'une nouvelle orthopédie mentale. Il est normal, nous explique ainsi le magazine *Marie Claire* dans un petit billet cybernétique intitulé *« L'angoisse du changement »*, que le changement soit source d'angoisse à condition évidemment de bien comprendre que « ce ne sont pas les changements qui nous stressent, ce sont les changements inadaptés à notre résistance au stress qui font que nous échouons ! ». Si l'on met de côté le non-sens manifeste de cette phrase (confusion entre stress et échec), comprenons tant bien que mal : afin de réussir le changement, il faut augmenter son niveau (un peu comme dans les jeux vidéo) de résistance au stress que suscite le changement. La logique adaptative trouve dans une psychologie comportementale grossière les ressorts de sa légitimité.

Le problème du changement, sans que l'on sache ce qui change et pourquoi (le psychologisme ne s'embarrasse pas de pareils détails), se déporte sur la résistance psychologique au stress qu'il suscite. Le changement n'y est pour rien, c'est l'homme peu résistant au stress qui est inapte au changement ! Inaptitude coupable qu'il s'agit de corriger en analysant les ressorts psychologiques de toutes ses résistances. Cette compréhension subjective et individualiste de l'inadaptation biffe toute interrogation un peu sérieuse sur la valeur et la nécessité proclamée du changement. Ici, le jargon irréaliste, l'inhibition du jugement et le psychologisme s'associent dans une synthèse qui évacue la dimension collective et politique des problèmes. À cette triplette de belle vie (la vie est forcément belle quand on a l'esprit ouvert au changement en sachant adapter sa résistance au stress sans juger), il convient d'ajouter le diagnostic de l'expert psychologue, coach ou conseil de vie. Il est l'équivalent à l'échelle individuelle de l'expert économique à l'échelle collective. Dans les deux cas, il s'agit de faire de la réaction humaine, et par conséquent de sa résistance conflictuelle, l'expression d'une incompréhension de soi et du monde. Dans les deux cas, l'expert – qu'il se dise économiste ou psychologue – se pose comme le dépositaire de la légitimité. D'un ton paternaliste et protecteur, à la fois à l'écoute mais au-delà, il rejoue (à condition d'écarter tout problème de valeurs) le combat séculaire de la Raison contre l'Obscurité. Cet apologue de l'état de fait dissimule sa morale dans la soumission aux manies du présent et fait œuvre de pédagogue lorsqu'il écrit dans *Marie Claire* pour apaiser l'angoisse de tous ceux qui n'y arrivent pas seuls. Son point de départ : il est normal que ce soit dur. Son point d'arrivée : de toute façon, vous n'avez pas le choix. *Ainsi va le monde* à la place du *Amen*.

Le psychologisme renvoie ainsi chaque atome impuissant, inapte et stressé par le changement à toute une série de recettes qui marchent pour aller mieux et supporter l'ordre des choses. Ce transfert des problèmes collectifs aux faiblesses individuelles renforce la concurrence des uns et des autres. En effet, quelle que soit la réalité vécue, la pénibilité d'une situation et le degré d'aliénation subie, le psychologisme aura beau jeu de mettre en avant la belle réussite d'untel, plus résistant au stress, moins sensible. La morale du psychologisme pourrait s'énoncer ainsi : sans nier que la situation soit difficile, d'autres, plus solides, plus outillés psychologiquement, ont fait mieux que vous. Dans une société hautement concurrentielle, à défaut de loi corrective, nul n'est censé ignorer la réussite des autres.

La Pythie de Delphes s'adaptera aussi. Non plus « Connais-toi toi-même et tu connaîtras les dieux » mais « Connais-toi toi-même et tu résisteras au stress ». La dimension métaphysique de la sentence laisse la place à une série de trucs et astuces dits « psychos », autant de recettes utiles pour continuer de flotter. Qui, en ces temps volatils, aura d'ailleurs le courage d'aller au bout d'une idée fixe ? Plutôt papillonner et passer, aériens, d'une idée à une autre, d'un frétillement au prochain. Aucune pensée honnête n'a pu voir le jour sans un surcroît de rigidité ? Une idée dogmatique pour nos coléoptères de l'opinion moyenne aux psychismes ajustés.

Adaptation, voilà le maître mot, l'impératif ultime, le mot d'ordre parfait. Connaissez-vous ceci et goûtez-vous cela, l'avez-vous déjà vu, savez-vous qui fait ça ? Pour chaque invitation, une réponse utile, la bonne adaptation, le mot bien calibré, une attitude à prendre, une façon de parler.

Le soir à la télé des modèles à la chaîne, des idées de débats, des canevas, des sujets. Ne reste qu'à imiter l'émission de son choix. Regardez ceux qui passent, ils savent bien y faire : prendre un air affecté et feindre l'enchantement. Le mime Marceau du présent est une mare à sots, tout le monde s'y reflète, copie sur le modèle, recopie la leçon, la récite aux amis. La manie du décalque envahit les foyers : modèle de vie parfaite, de bonheur réussi, d'éducation au poil, de réussite en herbe. Ne reste qu'à pomper. Avec plus de souplesse, aucune situation qui ne soit insoluble. Il vous manque la clé, la notice du mois ? Des banques de données compilent chaque jour les idées à avoir. Ce qui est bon ici peut échouer par là-bas ? Ne soyez pas rigide, ajustez le format.

Le marché offre à tous les butineurs un réservoir de formes disponible. « Curieusement, les psychologues et les sociologues constatent les attitudes, les comportements, les rôles ; ils les étudient de façon non critique, entérinant ainsi la *mimésis* et le règne de la *mimésis* sans discerner les fondements, donc sans expliciter et sans expliquer. Ils acceptent donc sans autre forme de procès comme une exigence éternelle de la société la tendance générale à la stéréotypie et la tendance à viser pour les imiter les idoles et les Olympiens du monde moderne. » (H. Lefebvre, *Métaphilosophie*, Éditions de Minuit, 1965). Rien de très curieux, cependant, quand on sait que le triomphe du psychologisme, à toutes les échelles de la mimétique sociale (au travail, chez le dentiste, sur la plage, en matière de sexe, de morale ou d'amitié), marque la disparition de la critique politique.

CHAPITRE 3

Réacs et mondialistes

« Ceux qui acceptent une ou plusieurs variantes du faux dialogue existant se font les défenseurs d'un nouveau genre de *libre-échange*, au nom d'un droit abstrait au dialogue à n'importe quel prix (prix à payer en concessions avouées au mensonge), et nous reprochent d'interrompre le *faux dialogue*. C'est pourtant en ceci, et pas autrement, que nous pouvons être porteurs de la réalité du dialogue. »

Internationale situationniste, « L'idéologie du dialogue », n° 10, mars 1966.

Nous vivons, paraît-il, à l'heure de la *mondialisation*, processus inéluctable qui suppose, pour s'accomplir heureusement, l'effort de chacun et l'adaptation de tous. Mais que serait la mondialisation sans l'effort conjugué de la publicité, des médias, de la classe politique tout entière – à l'exception de quelques marges qui justement posent le *problème*, c'est-à-dire font de la mondialisation autre chose qu'un état de fait – pour en assurer la promotion ? Les « faitalistes » (c'est ainsi que Nietzsche désignait les apologues de l'état de fait permanent) auront beau jeu de rappeler que la mondialisation, quoi que l'on en dise, est déjà là, leur insistance à le dire est tout de même suspecte. Comme si le fait avéré ne suffisait pas, les faitalistes du mondial se sentent en effet obligés de le dire et de le redire encore, de l'asséner en boucle sur toutes les ondes : nous vivons à l'heure de la mondialisation.

La mayonnaise ne prend pas

Le redoublement dans un discours d'une supposée évidence de fait (le fait de la mondialisation, du mondial, de la *mondiovision,* etc.) laisse planer un doute quant aux véritables mobiles des discours mondialistes. Si la mondialisation est de fait, pourquoi un tel empressement à promouvoir le mondial, comment expliquer la virulence obsédée avec laquelle les apologues de la mondialisation poussent des hauts cris face à ceux qui en contestent les bénéfices ? Autrement dit, à quoi peut bien servir le discours de la mondialisation si le fait de la mondialisation est indiscutable ? Discours paradoxal qui se sent tenu de venir assister les faits pour qu'ils ne flanchent pas, comme si les faits eux-mêmes risquaient de se démondialiser... C'est que les faits ne suffisent peut-être pas à persuader, encore faut-il qu'ils séduisent et qu'ils se rendent désirables. Encore faut-il être séduit par le fait du mondial.

Désignons par *mondialiste* celui que la dilatation, l'inflation, le grossissement séduisent. Si le mondialiste vole au secours du mondial, c'est qu'il trouve dans le principe d'excroissance illimitée, dans l'extase tentaculaire, planétaire et pétrolifère du Total de quoi satisfaire son désir. Il est entendu qu'avec ou sans lui (telle est la nature de son credo faitaliste) la mondialisation se fera. Que vous le vouliez ou non, le processus acéphale est inéluctable. Le *mondialiste*, contrairement au *réac*, n'est pas dans le fantasme, il a le courage de dire les choses telles qu'elles sont. S'il ne prend pas ses rêves pour la réalité, c'est, tout simplement, que la réalité épuise ses rêves ou peut-être, trivialement, qu'il ne rêve plus.

Le mondialiste est l'homme de mauvaise foi, à savoir l'être qui se dédouane en permanence de la nature de son propre désir. Le mondialiste ne vous dira pas « J'aime l'obscénité du marché mondial » mais « Le marché mondial s'autorégule » ; non pas « La pornographie publicitaire et la copulation planétaire des images m'excitent au plus haut point » mais plutôt « À économie mondiale, promotion mondiale » ; encore moins « Voyez comme je bénéficie de la confusion mentale et universelle » mais, beaucoup plus sage, « Ainsi va le monde ». Le mondialiste ressemble à la jeune femme de Sartre dans *L'Être et le Néant*, au chapitre intitulé « Les conduites de mauvaise foi ». Incapable de choisir, repoussant le moment de l'engagement et du passage à l'acte, cette jeune femme abandonnera pourtant sa main en toute distraction « entre les mains chaudes de son partenaire : ni consentante ni résistante – une chose ». Le mondialiste minaude mais finit toujours par abandonner sa main dans celle d'Adam Smith, dans cette main dite, non sans ironie, « invisible » – la main chaude du capital, du progrès, de la croissance infinie, du monde tel qu'il va.

Le consentement à l'indifférence et à l'indistinction, à la promiscuité des êtres et des choses, à la confusion généralisée n'est pas directement assumé par le mondialiste. Il ne faudrait tout de même pas le tenir responsable de la bouillie monolinguistique ou de l'avachissement des œuvres de l'esprit. Les idéologies sont pour lui des reliquats de l'ancien temps, de coupables crispations qui restreignent les capacités créatrices de l'individu émancipé. Professionnel du relativisme, il affectionne par-dessus tout les nouveaux points de vue et les initiatives originales venus des quatre coins du globe. S'il lui fallait un symbole, ce serait la pagaie. En effet, de toutes les leçons de l'histoire, il n'en retiendra qu'une : on ne rame pas à contre-courant.

Le « philosophe, écrivain, journaliste, présentateur télé » Raphaël Enthoven résume cela très bien. À propos de la « démondialisation », le voilà qui s'engage le 27 novembre 2011 lors du forum de *Libération* à Lyon : « La démondialisation repose sur l'idée que l'on peut remonter le temps. Ce serait comme vouloir défaire une mayonnaise : on ne retrouve jamais l'huile, les œufs et la moutarde. » Si les mots veulent encore dire quelque chose – ce dont on peut aujourd'hui légitimement douter –, cela signifie que nous vivons à l'heure de la mayonnaise. Les images de flan mondial ou de gélatine planétaire conviendraient aussi. Imaginerait-t-on cependant le sémillant présentateur du 20 heures soutenir à l'heure du dessert : – *La question fait question, vivons-nous à l'heure du flan ou de la gélatine ? Deux experts économistes philosophes écrivains vont maintenant débattre en direct sur le plateau.*

Il y a donc ceux qui veulent défaire la mayonnaise pour retrouver l'huile, les œufs et la moutarde (appelons-les *réacs*) et ceux qui la contemplent, la consomment et l'assaisonnent au goût du jour (appelons-les *mondialistes*). En réponse à cette charge huileuse, David Djaïz et François-Xavier Petit signaient, le 12 décembre 2011, un article dans *Libération* intitulé « Contre la mondialisation mayonnaise de Raphaël Enthoven ». Certes, les corédacteurs de cet article rappelaient à juste titre quelques saines évidences – parmi lesquelles l'idée que la mondialisation était un processus historique, « résultat de choix politiques, donc réversibles » –, mais ils manquaient l'occasion de rendre hommage à la portée de la métaphore du « journaliste, présentateur télé, écrivain, philosophe ».

Si toute distinction conceptuelle suppose en effet un critère de différenciation, celui de relation à la mayonnaise, au flan ou à la gélatine fonctionne en effet parfaitement. Curieusement, dans une réversion paradoxale qui titillera sûrement l'entendement d'un philosophe professionnel de ce calibre, Raphaël Enthoven réduit le vaste processus historique de mondialisation à une mayonnaise tout en reconnaissant que la mondialisation, il ne faudrait tout de même pas en faire un flan.

Cette comparaison entre mondialisation et mayonnaise doit pourtant être comprise *à la lettre*. Le mondial, c'est-à-dire cette substance pleine de vide, homogène, écœurante en grande quantité et indigeste sans autres précisions culinaires, s'apparente en effet à une mayonnaise là où le réac fait sûrement office de grumeau. Alors, grumeau ou mayonnaise ? « La mondialisation n'a pas gagné d'avance, les jeux ne sont pas faits », ose Jean Baudrillard ignorant les principes élémentaires de l'irréversibilité des émulsions huileuses, dans un article intitulé « De l'universel au singulier : la violence du mondial » (*Entretiens du XXI*^e^ *siècle*, Unesco, Paris, 2004). Jean Baudrillard ajoute : « Face à la puissance dissolvante et homogénéisante, on voit se lever partout des forces hétérogènes, pas seulement différentes, mais antagonistes et irréductibles. Derrière les résistances de plus en plus vives à la mondialisation, résistances sociales ou politiques qui peuvent apparaître comme un refus archaïque de la modernité, il faut lire une réaction à l'emprise de l'universel, une sorte de révisionnisme déchirant quant aux acquis de la modernité et à l'idée de progrès de l'histoire, de rejet non seulement de la fameuse technostructure mondiale, mais de la structure mentale d'identification de toutes les cultures, de tous les continents sous le signe de l'universel. » Tragiquement, la mondialisation marchande, économique et publicitaire de l'universalité (celle des droits de l'homme, de la culture, de la démocratie) a conduit à son exténuation, à cette mayonnaise qui assimile tout et fait périr une à une les différences et les singularités. Ce en quoi la métaphore de « l'écrivain, présentateur télé, journaliste, philosophe » va bien au-delà d'une simple illustration mais nous renseigne sur la nature de l'imaginaire qui accompagne l'assimilation *dans le mondial.* Quoi que l'on entreprenne, il est toujours question de faire monter la mayonnaise (c'est justement la fonction elle-même mondiale de la publicité, du buzz, du scoop), de savoir si les émulsions du marché (et non plus les œuvres de l'esprit) sauront se fondre jusqu'à dissolution dans l'émulsion générale.

La *mayonnaisisation* (Nietzsche insistait sur l'importance de créer des concepts) pourrait en cela devenir une notion phare de la théorie critique de demain : toute culture qui se *mayonnaisise* (les notions de *transcendantalité* ou d'*immanentisme* ne sont pas moins difficiles à prononcer) perd sa singularité et se meurt. « Il en est ainsi de celles que nous avons détruites en les assimilant de force, conclut Jean Baudrillard, mais il en est ainsi également de la nôtre, dans sa prétention à l'universel. La différence est que les autres cultures sont mortes de leur singularité, ce qui est une belle mort, tandis que nous mourrons de la perte de toute singularité, de l'extermination de toutes nos valeurs, ce qui est une "mal-mort" ». En partant de l'intuition imagée de Raphaël Enthoven, cela donne ceci : nous appellerons désormais *réac* toute résistance à la *mayonnaise mondialiste.* À s'en tenir à cette définition conceptuelle, il va de soi que Claude-Lévi Strauss relève assurément de la catégorie des *vieux réacs*, de ceux qui fustigent le triomphe sans partage de la mayonnaise pour « écrivain, philosophe, présentateur télé, journaliste », lui qui affirmait à plus de quatre-vingt-dix ans : « Ce que je constate, c'est le ravage actuel, c'est la disparition des espèces vivantes, qu'elles soient végétales ou animales ; et, du fait même de sa densité actuelle, l'espèce humaine vit sous une sorte de régime d'empoisonnement interne, si je puis dire [...] et je pense au monde dans lequel je suis en train de finir mon existence, ce n'est pas un monde que j'aime » (*Esprits libres*, France 2). De toute évidence, il n'y a pas que pour *les réactionnaires populistes lepénisés animés d'idéaux rétrogrades, archaïques et démagogiques* que la mayonnaise ne prend pas.

La globalglose

Capitalisme, mondialisation, globalisation : voici quelques incontournables du lexique éventé qui remplit les colonnes de la globalglose. La globalglose, c'est le discours globalement global sur la globalité du globe. La globalglose, c'est le discours qui globe des mouches.

La globalglose ignore les limites territoriales, les frontières et les petits buissons. Elle n'a affaire qu'à des « *enjeux mondiaux* » et des « *défis planétaires* ». Par son amplitude et sa hauteur de vue, la globalglose (et ce n'est pas là son moindre mérite) échappe à la critique tout en autorisant l'expert globaliste ou globologue à discourir, autorisé, à son propos. Impossible, en effet, de critiquer sans recourir à un référentiel singulier depuis lequel il serait possible de mesurer l'ampleur de la verbeuse dilatation. Le *monde*, la *planète*, la *terre* ne sont pas des objets qui tombent sous le coup d'une critique possible. Au vieux réac qui rappelle au globologue son attachement au banc d'en face, à la saveur d'antan, au chemin de traverse : « *Voyez plus large, amplifiez le point de vue, changez de dimension, globalisez la perspective.* »

La globalglose est une forme. Elle peut se dire globalement antiglobale ou mondialement antimondialiste. Rien ne lui échappe totalement. *Démondialisation*, dites-vous ? Encore faut-il mondialiser la démondialisation, car il est impossible de démondialiser sans mondialiser, affirme en mondiovision le globothète. Ce que Roland Barthes nommait les « tourniquets tautologiques » fonctionne ici à pleine vitesse. C'est d'ailleurs comme cela que les globologues se régénèrent, en globalisant tout. Forts de cette maxime œcuménique – globalement, rien ne nous échappe –, ces englobeurs opposent au mondial des discours mondialement antimondiaux afin de dégager un nouveau point de vue qui globaliserait les deux autres. Louis Sala-Molins résume ainsi le problème dans *Exergue à la philosophie du droit* : « La parole totalisante instaure des cultes sacramentaux. Elle se nourrit de signes et elle en crée. [...] Dommage tout de même qu'elle ne puisse aller au-delà sans transformer en pâture pour elle-même tout ce qu'elle touche. » La messe économique globale relayée sur tous les écrans du monde se fera désormais *urbi et globi*.

Quelques règles de la pâture globaliste. Les terminaisons en *isme* indiquent qu'il s'agit d'une idée importante : *capitalisme, mondialisme, libéralisme, communautarisme.* Le préfixe *anti-* signale une idée importante, mais inverse. Le préfixe *alter-* dit à peu près la même chose, mais différemment. Quant au préfixe *pro-* il est d'usage avant ou après un *anti-* et une terminaison en *isme.* Par exemple : les partisans de l'*anticapitalisme*, à l'occasion d'un sommet mondial (les sommets locaux, la colline de l'enfance, les monticules en terre ne sont pas repérables sur le cadastre globaliste), vont affronter les *pro-libéralisme.* Dans *1984*, Orwell désigne par le terme « Novlangue » cette globalglose mondialisée. « Il était aussi possible de modifier le sens de presque tous les mots par des préfixes-prépositions tels que *anté, post, haut, bas, etc.* Grâce à de telles méthodes, on obtint une considérable diminution de vocabulaire. » (George Orwell, 1984, « Les principes du Novlangue).

La globalglose aura sur le lecteur l'effet d'un baume. La pâte homogène, baptisée depuis peu *mayonnaise* par Raphaël Enthoven, passe successivement de Londres à Pékin, de Rome à Bamako. Nous flottons dans le *world*, le *global*, l'*universal.* Contrairement à la langue d'antan, celle qui éructait, boiteuse et mal foutue, abrasive et poétique avec ses billevesées et ses poussières métaphoriques, la globalglose est d'emblée transparente et univoque.

La globalglose est une métaphysique, une théologie et une philosophie. Elle est le discours ultime, le Verbe de tous les verbes, la Fin de toutes les fins. Avec elle tout est fondamental, majeur et ultime à la fois. Vous voulez du local ? Ayez le bon goût d'en parler globalement, de nous vendre mondialement vos chères singularités. De bons titres pour la globalglose : *le retour du local contre le global*, *penser global agir local*, *partir local vouloir global*, *globaliser le local*, *déglobaliser le global*. D'un usage récent : la *localisation du global* à savoir… la *glocalisation*.

La globalglose est œcuménique. Avec elle, pas de perdants, aucun exclu, nous sommes tous dans le même bateau. C'est une bonne nouvelle : globalement, il n'y aura pas de noyés. Quelles que soient les nuances, elles s'exprimeront désormais sous la forme d'alternatives simplistes entre des notions globalement floues. Stéphane Hessel et Edgar Morin, chercheurs d'espérance, rappellent courageusement que « la France ne vit ni en vase clos ni dans un monde immobile » – proposition, cela dit en passant, qui aurait pu être énoncée sans risque en 1818 ou en 1613. La suite nous indique clairement le chemin à retrouver pour entretenir l'espérance : « Il faut savoir à la fois mondialiser et démondialiser. Il faut poursuivre la mondialisation qui nous donne une communauté de destin d'êtres humains de toutes origines, menacés par des dangers mortels. Nous devons tous nous sentir solidaires de cette planète dont la vie conditionne la nôtre. Il nous faut sauver notre Terre-mère. Nous proposons de perpétuer et de développer tout ce que la mondialisation apporte d'intersolidarités et de fécondités culturelles, mais, dans le même temps, nous proposons de restituer au local, au régional, au national des autonomies vitales et de sauvegarder et favoriser partout les diversités culturelles. Il nous faut démondialiser pour donner toute sa place à l'économie sociale et solidaire, pour sauvegarder l'économie du terroir, préserver l'agriculture vivrière et l'alimentation qui y est liée, les artisanats et les commerces de proximité, enrayer ainsi la désertification des campagnes et la raréfaction des services dans les zones périurbaines en difficulté » (Edgar Morin et Stéphane Hessel, *Le Chemin de l'espérance*, 2011).

Entre les adeptes de la mondialisation et ceux de la démondialisation, une troisième voie salutaire s'ouvre donc à nous : mondialiser *et* démondialiser, faire croître ici *et* faire décroître là-bas. Nos chercheurs d'espérance ajoutent : « Plutôt que d'opposer l'étendard de la croissance à celui de la décroissance, le temps est venu de dresser la liste de ce qui doit croître et de ce qui doit décroître. » Il va de soi que ce qui est bien devra croître quand, dans le même temps, ce qui est mal devra décroître. Dresser la liste des bonnes et des mauvaises choses, n'est-ce pas là, sous la plume de penseurs émérites reconnus et estampillés « critiques », le chemin le plus efficace que puissent espérer les globalglobistes pour imposer leurs réflexes de langage et leur schématisme intellectuel ? La globalglose n'exclut pas la critique à condition que celle-ci s'exprime en une litanie de termes globalisants, condition expresse sans laquelle l'idéologie du *débat* et de *l'échange d'opinions* se trouverait contrariée. C'est ainsi que les termes *mondialisation*, *démondialisation*, *planète, Terre-mère* correspondent, si nous devions dresser à notre tour une liste des bonnes et des mauvaises choses, à la catégorie B des principes de la Novlangue : « Le vocabulaire B comprenait des mots formés pour des fins politiques, c'est-à-dire des mots qui, non seulement, dans tous les cas, avaient une signification politique, mais étaient destinés à imposer l'attitude mentale voulue à la personne qui les employait » (George Orwell, *1984*). Les formules qui ne dupliquent pas le code général de l'énonciation globaliste seront au sens strict inintégrables pour les usagers (qu'ils soient « philosophes, présentateurs télé, écrivain ou journaliste ») de la glose globale. De telles formules incohérentes devront à terme (Orwell situait ce terme aux alentours de 2050) être éradiquées au titre du *sérieux*, de *l'objectivité* et de *la transparence* de *l'information*.

Si réaction il doit y avoir, son terrain de jeu sera aussi celui du langage et des discours. La standardisation des produits manufacturés, sous couvert d'une pseudo-liberté de choix, ne serait rien en effet sans la ritualisation d'un lexique qui s'impose aujourd'hui comme la vérité de demain. Face à l'uniformisation désastreuse des prises de position critiques et à l'incapacité croissante de se déprendre d'un langage qui impose un ordre du dicible et de l'indicible, la réaction à l'indifférence prend le risque d'une certaine violence symbolique que les globographes de toutes obédiences ne manqueront pas de pointer du doigt. C'est sûrement que ledit *réac*, contrairement au *mondialiste*, a pris la mauvaise habitude, une attitude rétrograde tant la critique textuelle ne fait plus école, de citer, de mettre des guillemets un peu partout ou d'écrire, ce que fait Orwell en grande quantité, des mots en italiques. Le mondialiste n'a plus besoin de citer ou de voir le texte pour la simple raison qu'il n'a plus affaire à des idées et à des textes, mais au monde tel qu'il est, au global tel qu'il se donne à voir, à la Terre-mère telle qu'elle s'offre immédiatement à son regard. Philippe Muray, fin connaisseur de la globalglose festive, explique cela très bien : « J'ai dû, sans doute l'a-t-on remarqué, employer dans ce livre un nombre assez considérable de guillemets ou d'italiques. La précision était à ce prix. C'est qu'il est devenu presque impossible d'aborder aucun sujet sans attraper celui-ci avec de longues pincettes ; et que je n'ai pas vu d'autre moyen que ce procédé typographique rudimentaire pour signaler sans répit un tel état de chose. » (Philippe Muray, *Après l'histoire*) Puis de citer Nietzsche : « "Encore un siècle de journalisme, et tous les mots pueront", écrivait Nietzsche en 1882 : ce délai est largement dépassé. » Nietzsche ou Karl Kraus : le constat est le même. Au-delà du délai d'un siècle, les mots ne sentent plus rien. Ils se globalisent mondialement sur Terre-patrie entre la liste des courses, la liste des invités et celle des produits qui croissent et des produits qui décroissent.

L'extase du mondial

La France, écrit le journaliste à la suite d'un autre en écho d'un troisième copiant la pige de son voisin, serait tentée par le repli sur soi, tiraillée par la peur, la déprime et l'angoisse réunies. Pour conjurer ces passions tristes, les professionnels de la communication se sont lancés dans un vaste travail explicatif et pédagogique. La mondialisation – aussi naturelle que l'air, la terre et la mayonnaise – se fait depuis trois mille ans, dixit Jacques Attali – de son nom de scène Jacques Attaluly – musicien, jongleur, ménestrel et danseur économiste des gouvernants. La mondialisation se fait, *donc* elle doit se faire encore et mieux. Musique, expertises et grelots.

Les réactions inadaptées à ce vaste processus historique expriment forcément l'incompréhension des masses. Un surcroît de pédagogie, antifasciste, antipopuliste, antiréactionnaire, s'impose pour que des réformes « en profondeur » soient possibles : *La mondialisation de demain*, *La mondialisation mode d'emploi*, *La mondialisation heureuse*. Dans ce grand choral d'experts de la nécessité, l'idée selon laquelle le processus de mondialisation aurait (comme le social dont il partage l'obésité du dessein) atteint un seuil critique à partir duquel il ne pourrait plus se mondialiser encore ne semble pas effleurer les esprits. Que se passe-t-il lorsque la mondialisation cesse d'être une hypothèse intellectuelle, une utopie ? Que se passe-t-il lorsque la mondialisation se réalise historiquement, c'est-à-dire lorsqu'elle arrive à son terme, qu'il ne reste plus rien à mondialiser encore ? Si tout ce qui pouvait être mondialisé l'a été, si nous vivons après la mondialisation, pourquoi encore tant de fauteurs de mondialisme ?

Les apologistes du mondial entretiennent la confusion utile entre la mondialisation entendue comme processus historique et la mondialisation entendue comme idéologie de l'uniformisation du marché. La langue anglaise rend pourtant bien cette différence par le terme *globalization.* La langue française pourrait quant à elle, forte de son exception culinaire – rappelons que l'andouillette troyenne est cette année encore notée AAAAA –, s'enrichir du terme *mayonnaisisation*, notion certes lourde et indigeste, mais explicite. Introduite sous une forme allégée par Raphaël Enthoven au forum de Lyon, à une date qui restera comme un moment fort de l'histoire des idées du XXIe siècle, elle parlera désormais à tous les « journalistes, écrivains, présentateurs télé, philosophes ».

Les fauteurs de mondialisme ne font pas la promotion du mondial mais des intérêts économiques induits par la globalisation. Une des conditions de fonctionnement de ce marché-globe-mayonnaise consiste en l'uniformisation des produits et l'apparente diversité des choix. Quand les mots ne veulent plus rien dire, comment ne pas éprouver sa profonde et inaliénable *liberté de choix* en face du rayonnage de yaourts, sublime nuancier de couleurs estivales, ou du rayonnage de jambons, subtiles variations de rose sous film plastique ?

Si l'on excepte les yaourts et le jambon, les fauteurs de mondialisme insisteront lourdement sur la liberté de pensée, mais omettront de relever l'appauvrissement intellectuel et le « panurgisme » des globographes. Nous avons même sur le sujet la caution intellectuelle et morale de David Pujadas. À la question de savoir ce qui pourrait bien nourrir le jugement négatif de plus de la moitié des Français sur les journalistes, David Pujadas, journaliste vedette de la fenêtre de l'âne (à ne pas confondre, bien sûr, avec la fenêtre de l'âme, magnifique formule qui désigne les yeux chez Aristote), s'exprime sans détour. Alors David, pourquoi ce jugement négatif d'une majorité des Français sur votre « job » – c'est par ce terme que David Pujadas, dans la même interview, désigne son métier ? « Une forme de panurgisme. Mais il est incongru de dire que les journalistes, politiques, chefs d'entreprise, CAC 40, etc., composent un tout homogène. Ce sont des âneries. Je ne dis pas que ça n'existe pas, qu'il n'y a pas des scandales de connivence ou de consanguinité, mais pas globalement » (*Médias*, hiver 2011, sous le titre « David Pujadas, "Notre problème ? Le panurgisme..." »). Globalement, tout est dit.

Si la mondialisation est en effet un processus historique de rapprochement des hommes, des cultures et des sociétés dans un vaste mouvement d'expansion, ce processus est arrivé à son terme. La mondialisation est en ce sens achevée : nous ne découvrirons plus de nouveaux continents, de nouvelles terres, de nouvelles sociétés, de nouvelles coutumes, de nouvelles langues, de nouveaux mondes, sombre constat que faisait déjà Claude Lévi-Strauss au milieu des années 50 dans *Tristes Tropiques*. Nous rêverons désormais, après la grande histoire de ces découvertes héroïques, face à des écrans 3D *dolby digital surround* sur Vasco de Gama et Christophe Colomb, nous revivrons les exploits des grandes conquêtes avant de *lancer le débat* à 19 h 30 sur France 28 à propos de l'extermination des Indiens d'Amérique et de l'importance de préserver les spécificités culturelles.

Ce qui est par conséquent en jeu depuis plus de cinquante ans sous couvert de mondialisation est d'une tout autre nature. Le fait que des sociétés et des cultures diverses entrent en relations mutuelles dans un espace mondial sans extériorité n'implique pas que les spécificités qu'elles portent et expriment singulièrement aient à se fondre *impérativement* en une sauce globale, dotée d'un langage unique et d'une idéologie commune. La question n'est donc pas *Où nous mène la mondialisation ?* – question qui avait un sens au XIXe siècle – mais : *Pouvons-nous, après la mondialisation, éviter la mayonnaisisation, c'est-à-dire la dilution des singularités culturelles et du génie des peuples dans une bouillie globale au service de la rentabilité économique mondiale, des intérêts lucratifs, du tourisme planétaire et de l'obscénité marchande ?* L'astuce éventée consiste dès lors à rabattre la mayonnaisisation sur la mondialisation, l'idéologie sur l'histoire. C'est là tout le travail des experts *ès mondialisme* d'après la mondialisation, là même où *la mondialisation* est un simulacre d'après sa fin, une extase. La mondialisation se réalise en effet quand elle ne passionne plus. C'est l'ère du global – le globocène – de son idéologie – la globalglose, de ses dominants – les globocrates. Au sens strict, la mondialisation globalisée, pour avoir tout englobé, ne concerne plus personne. C'est sûrement pour cela que les discours sur la mondialisation de demain sont d'un ennui mortel.

Comme si la masse n'avait pas encore compris, il serait pourtant indispensable, utile et pédagogique – démocratique, si l'on veut – de lui radoter à tout bout de champ le *mondial* comme on rappelle avec insistance son prénom à une grand-mère sénile. Les tours du monde à la voile sur des bateaux en carbone, fleurons de l'industrie de pointe et des « technologies du futur », feront désormais bâiller. Quel grand navigateur des siècles passés aurait pu concevoir l'indifférence que susciterait un jour le spectacle de ces voiliers traversant l'Atlantique sur une petite fenêtre à la portée de tous ?

Qui pourra échapper à l'injonction globaliste ? Alors que nous participons déjà depuis belle lurette à tout ce qui se fait à l'autre bout du monde, que nous sommes déjà depuis des décennies saturés de gros sons et d'images inédites venues, en une fraction de seconde, des quatre coins du globe, nous n'y serions pas encore. Nés à l'heure de la mondialisation réalisée, une fois les carottes plusieurs fois recuites, nous n'aurions pas encore compris – ce qui prêtera au moins à rire – que la mondialisation était incontournable, qu'il fallait se garder d'en contester les mérites et que le meilleur était encore devant nous.

S'il y a eu une énergie de la mondialisation, celle-ci provenait des résistances qu'elle devait surmonter, de la furie des mers aux insurrections indigènes. Une myriade de singularismes se lançaient alors dans un contre-défi mortel. L'histoire de la mondialisation ou l'histoire héroïque des résistances vaincues. L'exténuation des singularités, doublée de l'évidence du processus d'extermination de l'altérité, devait fatalement conduire à une exténuation de la mondialisation elle-même, à cette forme vide qu'il serait « réactionnaire » de combattre : la globalisation du même à perte de vue.

Tout est nouveau sous le soleil

La triste confusion entre réaction et liberté de jugement, à défaut d'exigence intellectuelle, peut suffire à disqualifier toute pensée qui ne tombe pas en pâmoison devant l'autopromotion permanente que les monteurs de mayonnaise se doivent à eux-mêmes. L'inadapté ironiste se fige alors dans la figure de *celui qui ne joue pas le jeu*, les règles du jeu se résumant en réalité à une seule : en dépit du changement perpétuel, rien n'a changé. En d'autres termes, l'avènement du global n'a pas bouleversé les ordres : il y aura toujours des réacs et des progressistes, autrement nommés mondialistes ou globologues. Des hommes lucides, biberonnés au *désir d'avenir*, langés à *l'aspiration au changement*, compotés à *la France de demain* feront désormais face à des esprits étriqués, inquiets de la tournure prise par l'évolution de la mayonnaise. Les premiers combattront éternellement les seconds au nom de la liberté.

Cette confiance dans l'immuabilité des ordres, celle-là même qui fait gonfler les baudruches et leur donne l'assurance nécessaire à leurs variations expertes sur la suite des réjouissances mondiales, s'accompagne d'une complète cécité à l'égard de notre univers de désastres permanents. À moins qu'il ne s'agisse que d'une simple divergence de points de vue, les uns appelant désastres ce que d'autres nomment curiosités. C'est ainsi qu'un écart de perception des conditions dans lesquelles l'homme doit suivre à pas forcés *le cours des choses* (selon la formule globologique consacrée) se traduit en une différence de vocabulaire qui nous intime de choisir entre Alexis de Tocqueville ou Léon Bloy, si l'on a des lettres en sus d'un iPhone 4. Il est vrai que le degré de tolérance à l'égard de l'obscénité du marché et de la corruption intellectuelle qu'il impose est variable. Un critère assez fiable pour mesurer ce degré de tolérance reste tout de même la hauteur du profit que l'on fait sur son dos.

Les réacs d'hier s'attachaient encore à sauver quelque chose, à ramasser un petit morceau de valeur, un moignon de tradition, à sauver du naufrage folklorique un reste d'authentique. Leurs insultes compassées, sur du beau papier bible, feront encore vibrer le reste décroissant des nostalgiques des grands combats du siècle passé. Hélas, nous sommes nés trop vieux pour épouser la fraîcheur juvénile de cette réaction-là. Les objets sur lesquels pourrait s'exercer notre colère, pour s'être mondialisés, sont devenus à ce point visqueux, fluides et inconsistants qu'ils glissent odieusement entre nos griffes. Mondialisation et miniaturisme sont des intimes. Globalement insignifiants, les objets de la critique n'ont plus de destin, y compris celui de servir de prétexte au réac ainsi nommé qui s'adosserait aux bassesses du monde pour faire encore effet. Pour s'être répandues dans tous les interstices de la vie quotidienne, les infamies mondialisées du progrès ont aussi perdu le pouvoir de susciter le fou rire et la grande colère. C'est que chaque mondialiste, à échelle planétaire mais dans son petit coin, accompagne l'avachissement de toutes ses entreprises d'un sérieux de croque-mort. La réalité est tombée dans une chausse-trape. Partout l'irréalisme triomphe, conséquence évidente de la publicité globale. Triomphe à ce point écrasant qu'il isole désormais cruellement ceux qui pourraient encore révéler, par un sursaut de style, l'absurdité glaciale des nouvelles situations d'existence.

« Ainsi les immenses bouleversements en cours de la vie quotidienne ne sont-ils plus jamais examinés, commentés, interprétés, glosés, et encore moins ironisés, bien sûr. Ainsi le comique des situations s'étale-t-il au grand jour dans une impunité tranquille : nul Molière, nul Labiche, nul Ionesco n'est plus là pour en faire exploser les véritables aspects de moins en moins stigmatisables au fur et à mesure qu'ils deviennent de plus en plus caricaturaux. L'irrévérence se perd ; en même temps, et c'est logique, que le sens de la réalité. » Cette analyse lucide de Philippe Muray dans *Après l'histoire* mérite d'être complétée. L'effrayant décalage entre l'effort intellectuel de nos illustres prédécesseurs en matière d'invectives et la dérisoire irréalité de l'insignifiance à dépeindre aujourd'hui décourageront les meilleurs d'entre nous. A-t-on encore besoin de révéler ce qui saute aux yeux ? Est-il encore nécessaire de se battre contre des dispositifs technoludiques et cybercrétins qui se pastichent eux-mêmes ou contre des « journalistes, écrivains, présentateurs télé, philosophes » qui annoncent, sans y être forcés, le règne irréversible de la mayonnaise ?

C'est alors que nous découvrons un désespoir d'une nature inédite, qui, n'en déplaise à l'Ecclésiaste – né trop tôt pour avoir connu les randonnées rollers —, est inédit sous le soleil. Afin de saisir le plus exactement possible la nature de ce désespoir, lisons Günther Anders, qui écrivait en 1961 à propos de George Grosz : « Il est évident que Grosz avait moins en commun encore avec ces "philistins de l'apocalypse" qu'avec ses contemporains avant-gardistes. S'il restait "figuratif", c'était uniquement parce que son monde n'était pas sain, et qu'il ne désirait rien tant que de dresser un portrait "frappant" de ses ignominies et de le clouer au pilori. À la différence de celui des artistes académiques, son art n'avait pas pour objet le monde objectif, mais la destruction du monde objectif. »

Mais qu'advient-il de la destruction *artistique* du monde objectif quand c'est le monde objectif qui se détruit à l'échelle mondiale lui-même, sans qu'aucune intervention artistique soit nécessaire ? L'artiste de bonne volonté qui souhaite, dans la lignée de George Grosz, détruire un monde objectif malsain se retrouve alors, avec le reste de ses contemporains, sans emploi. À moins qu'il n'ait aucune conscience du processus en cours ou que sa mauvaise foi l'empêche de constater des dégâts, hélas, qui *ne sont pas de son fait*, ni de sa plume, ni de son pinceau.

Ce qui est nouveau sous le soleil, inédit dans l'histoire des hommes, prendra la forme d'un monumental escamotage : plus de monde objectif, donc plus aucune raison de vouloir sa destruction. L'effort intellectuel, artistique, critique pour détruire l'objectivité n'a plus lieu d'être et fait office de vestige incongru : que voulez-vous détruire encore, ne voyez-vous pas que le *globalisme* se charge de la besogne avec autrement plus d'efficacité et d'obstination que votre réaction n'en rêve ? Cette passion destructrice de l'objectivité du monde ne pouvait s'accomplir sans une sombre lucidité qui donnait aux œuvres de l'esprit une densité d'un autre âge, bref, *une réalité*. « Cette chaîne est tombée. Ce boulet que nous traînions depuis si longtemps nous est enfin ôté. Une telle émancipation, après des siècles de désespoir, mérite bien en effet quelques nouveaux siècles de divertissements et de feux d'artifice » (Philippe Muray, *Après l'histoire*). À moins que ce ne soit des chapelets de tolérance. C'est tout ce qu'il reste à l'artiste dépossédé de son pouvoir de destruction par les lendemains qui chantent en karaoké pour la tolérance planétaire et l'avenir de notre Terre-mère (*Save the World*). Nous quittons alors Muray et Anders pour retrouver Cioran : « On ne devient tolérant que dans la mesure où l'on perd de sa vigueur, où l'on tombe gentiment en enfance, où l'on est trop las pour tourmenter autrui par l'amour ou la haine. »

What else ?

Quoi d'autre, en effet ? Le slogan du marchand de café n'est pas une question. Il est à ce point évident qu'il n'y aura pas d'alternative, que les fauteurs de mayonnaise en capsules peuvent se payer le luxe de poser la question. Plus besoin de vanter les mérites d'une marchandise, la vérité d'une idée, la justesse d'une décision politique. Il suffira de poser la question, si possible en anglais, en souriant et en clignant de l'œil pour être compris de tous : *What else ?*

C'est ainsi que nous sommes passés au-delà de toute critique. Celui qui prendrait *réellement* (le vilain mot) la question au sérieux aura désormais à affronter le rire glacial de Publicitus. « En voilà un qui n'a pas compris qu'il s'agit là d'une fausse question, une question pour faire semblant, un simulacre de question », s'amuse Publicitus. Cynique,

Publicitus, qui a conçu le slogan du monde global, sait que cette question est une affirmation déguisée. C'est tellement évident pour lui et tellement facile. Ce qui amuse par-dessus tout Publicitus l'adapté, c'est qu'il puisse encore exister des esprits inaptes qui prennent ses inventions au sérieux, qui cherchent une réalité derrière ses astuces, qui réagissent à sa dernière trouvaille. « Sans le savoir, ces naïfs me font encore plus de publicité », ricane Publicitus. Quel étrange archaïsme, tout de même, resterait-il des hommes pour prendre le langage au sérieux et conserver un reste de morale ?

Dans une fièvre collective, les Publicitus en réseaux se donnent le mot : *Accentuons la liquidation de toute la réalité, accélérons le mouvement perpétuel, émancipons-nous, finissons-en avec le politiquement correct de tous ces vieux réacs, tordons le cou aux vieilles manies, aux archaïsmes rétrogrades, aux anti-progressistes, aux empêcheurs de globaliser en rond !*

Nothing else.

Conclusion

Comment repérer, dans une masse globale, le bon réac (cultivé, ironique, mondain, sexy, en un mot luchiniste) et le mauvais (limité, conservateur, nationaliste, rassis, en un mot lepéniste) ? Et, derrière cette première question de principe, une seconde me vient à l'esprit, encore plus angoissante : ce réac-ci est-il rassis ou sexy ? Et celui-ci qui est sexy, est-il aussi rassis ? La collusion des deux termes nous enseigne : quelle que soit la réticence affichée pour les vilains anglicismes et les méchantes abréviations, peu importe l'usage pourvu qu'il y ait la *classe*.

Parmi les réactions, il y a celles qui sentent le nombre, la masse et les petites gens. Celles-ci sont impolies, impropres et un peu sales. Elles ne citent ni Cioran, ni Bloy, ni Bernanos, mais se vautrent en slip, en août, à Biscarosse. Elles transpirent le « panurgisme », suintent le « populisme » et menacent de leurs poussées fiévreuses les « principes de nos démocraties ». À elles le rassis.

Mais il y a aussi, au sommet du panier, les réactions haut de gamme, toujours policées dans leurs irrévérences, courtoises mais assassines, violentes mais éduquées. Celles-là connaissent les manies du présent, les tics et la façon de dire le mécontentement et la réprobation. Elles savent insulter en restant dans le rang. À elles le sexy.

Les lieux de la réaction vont de la pissotière au café littéraire, traversent les usines et les salons de thé. Politiquement, cette transversalité est condamnable. Il existera désormais des réactions acceptables et d'autres inacceptables. Ces étiquetages participent eux aussi à la déréalisation ambiante. D'incroyables débats et échanges d'opinions s'accumulent pour attribuer titres, paternités et filiations au *réac* en toute indifférence des ravages produits par une globalisation acceptée et subie comme une loi naturelle.

Pour qui a une connaissance assez large de ce qui a pu s'énoncer au titre de réaction à l'adaptation forcée aux promesses du Nouveau Monde, le tableau d'ensemble depuis plus de cinquante ans apparaît comme un immense radotage des mêmes thèmes. Bien sûr, la devanture « réac » s'acclimate aux nouvelles tendances, aux dernières cyber-nouveautés, aux nouveaux programmes, aux innovations de demain.

Mais comment expliquer conjointement la profondeur des transformations sociales qui ont eu cours depuis trois décennies et ce sentiment tenace de radotage ? Des textes épuisés de longue date pourraient être pieusement recopiés, au mot près. Ils se glisseraient parfaitement dans l'ensemble des productions épinglées « réactionnaires » à la prochaine rentrée par un des spécialistes de l'étiquetage. Combien de fines études ont pu pointer les innombrables bassesses auxquelles sont quotidiennement obligés de se soumettre les hommes ? Combien d'analyses ont fait état de l'hébétude des moins endormis en face du niveau de dégénérescence atteint à l'école, dans les universités, dans des cursus de formation aux sigles affreux ? Combien de vociférants se sont vu répondre par de médians copistes qu'il était utile de construire, que la réaction ne menait à rien, qu'il fallait être *« positif »* et *« proposer quelque chose »*. En d'autres termes, combien de vérités ont dû être oubliées parce qu'il fallait autre chose, que l'adaptation à tout (y compris au pire) était à ce prix ? L'escamotage consiste à substituer à la pleine compréhension de cette nécessité (il *faut* s'adapter, que voulez-vous) une ridicule alternative psychologique : il y aurait des réacs pessimistes et des mondialistes optimistes.

En face d'une situation intellectuellement dégradante, interrogeons-nous plutôt sur la nature de notre âme, avec en pointe la réduction psychologique sous forme de test estival : alors, plutôt optimiste ou plutôt pessimiste ? L'inquisition pratiquait déjà sans le savoir la *reductio ad freudum* : sorcières et hérétiques, une tare dans vos esprits vous empêche de voir le monde tel qu'il *est* et l'ordre tel qu'il *doit être*.

Des affinités hérétiques se forment pourtant sous le cadastre des poseurs d'étiquettes. Faites d'un alliage sans précédent historique, elles concernent tous ceux qui n'y croient plus, qui n'en veulent plus, qui en ont assez vu. Ces âmes perdues pour la grande cause mondialiste, croissantiste et progressiste promènent, sortis du tableau de Goya « L'enterrement de la sardine », une tête riante. Après les ripailles, l'orgie et l'obscénité globale, le temps est effectivement venu, pour tous les écœurés de la mayonnaise, d'enterrer la sardine, un euphémisme pour dire les cochons.

« On interprétera alors cette fête comme un rituel carnavalesque, saluant avec exubérance ce qui devrait provoquer des regrets » (T. Todorov, *Goya à l'ombre des Lumières*).

Quelques gouttes d'antidote

« Les conditions d'existence qui n'ont pas empêché l'éclosion de gens tels que Goethe, Jean Paul et Herder, sont réprouvées s'il faut que le fils d'un conseiller commercial soit formé pour, un jour, reprendre la firme ; et une génération de crapauds raille les peines par lesquelles, jadis, les génies devaient passer. »

Karl Kraus, *La Nuit venue*

« Mais notre nouveauté, à nous, consiste dans l'inédit des questions elles-mêmes, et non point des solutions ; dans les énoncés, et non dans les réponses. De là cette impression générale d'impuissance et d'incohérence qui domine dans nos esprits, qui les dresse, et les met dans cet état anxieux auquel nous ne pouvons ni nous accoutumer, ni prévoir un terme. »

Paul Valéry, *Le Bilan de l'intelligence*

« Rien n'est aussi dangereux que d'être trop moderne. On a tendance à devenir vieux jeu sans s'en rendre compte. »

Oscar Wilde, *Aphorismes*

« Quand une société ne peut pas enseigner, c'est que cette société ne peut pas s'enseigner ; c'est qu'elle a honte, c'est qu'elle a peur de s'enseigner elle-même ; pour toute humanité, enseigner, au fond, c'est s'enseigner ; une société qui n'enseigne pas est une société qui ne s'aime pas ; qui ne s'estime pas ; et tel est précisément le cas de la société moderne. »

Charles Péguy, *Pour la rentrée*

« C'est, au contraire, parce que je suis le plus dépassant des progressistes, le pionnier de l'extrême avenir, que je condamne ces pratiques surannées. »

Léon Bloy, *Le Désespéré*

« L'agonie a ses ruades. En langue politique, cela s'appelle réaction. »

Victor Hugo, *Tas de pierre*

Bibliographie

Baudelaire, Charles, « Salon de 1846 », *Œuvres complètes*, Seuil, 1968.

Baudrillard, Jean, « De l'universel au singulier : la violence du mondial », dans *Entretiens du XXIe siècle*, sous la dir. de Jérôme Bindé, Éditions Unesco, Albin Michel, 2004.

Bourdieu, Pierre, « Actualité de Karl Kraus », dans *Interventions*, Agone, Marseille, 2002.

Castoriadis, Cornélius, *La Montée de l'insignifiance*, Seuil, 1996.

Châtelet, Gilles, *Vivre et penser comme des porcs*, Exils, 1998.

Clouscard, Michel, *Néo-fascisme et idéologie du désir*, Denoël, 1973.

Debord, Guy, *Commentaires sur la société du spectacle*, Gallimard, 1988.

Ellul, Jacques, *Le Bluff technologique*, Hachette, 1988.

HENRY, Michel, *La Barbarie*, Grasset, 1987.
Internationale situationniste, Fayard, 1997.
JAPPE, Anselm, *Guy Debord*, Sulliver, 1998.
LYOTARD, Jean-François, « Petite mise en perspective de la décadence et de quelques combats minoritaires à y mener », *Politiques de la philosophie*, sous la dir. de Dominique Grisoni, Grasset, 1976.
LEFEBVRE, Henri, *Métaphilosophie*, Éditions de Minuit, 1965.
–, *La Survie du capitalisme*, Anthropos, 1973.
–, *Vers le cybernanthrope*, Denoël-Gonthier, 1967.
MURAY, Philippe, *Après l'histoire*, Gallimard, 2000.
ORWELL, George, *1984*, Gallimard, 1950.
SLOTERDIJK, Peter, *Critique de la raison cynique*, Christian Bourgois, 1987.
TODOROV, Tzvetan, *Goya à l'ombre des Lumières*, Flammarion, 2011.

Table

Mise en page par Meta-systems
59100 Roubaix

Achevé d'imprimer en août 2012
par Normandie Roto Impression s.a.s., 61250 Lonrai
N° d'impression : 122879
N° d'édition : L.01EHBN000509.N001
Dépôt légal : septembre 2012

Imprimé en France

Stephanie Mehnert

DAS FLIMMERN KLEINER LICHTER

Roman

HELMER

Klimaneutral gedruckt auf FSC-zertifiziertem Frischfaserpapier

ISBN 978-3-8974-492-1

Covergestaltung unter Verwendung einer Illustration
von © 3ster / Photocase
Druck und Bindung: CPI GmbH, Germany
Korrektorat: Susanna Piruzram

Ulrike Helmer Verlag
Klosterhofstr. 3, 65843 Sulzbach
info@ulrike-helmer-verlag.de

www.ulrike-helmer-verlag.de

Für meine Lichter. Die flimmernden wie die erloschenen.

Prolog

Wenn der Vater getrunken hatte und sie mucksmäuschenstill in der Küche saßen, flüsterte die Mutter ihrer Tochter zu, die ganze Welt stünde ihr offen, wenn sie erst erwachsen wäre. Dass sie alles sein könne und alles wagen dürfe, dass die Zeiten sich geändert hätten, sie nur nie ihre Fehler wiederholen dürfe.

Ihre Fehler, das waren der Alkohol und das Mädchen selbst. Und er, natürlich.

»*Was auch immer du tust, Liebes*«, mahnte sie dann, »*such dir bloß keinen Mann!*«

Natürlich verstand das Mädchen damals noch nichts vom Leben einer Frau, doch es verstand sehr gut, was ein Leben in Angst vor einem Mann aus einer Frau machen konnte.

1

Wir alle sind wie Kinder, wenn wir schlafen. Wir unterwerfen uns – weil wir es müssen – den Aktivitäten der Zirbeldrüse, dem Melatonin.

Der Atem wird ruhiger.

Wir, die wir sonst kaum wissen, wie man das macht, entspannen uns, bis wir schließlich das Bewusstsein verlieren. In unseren Träumen erschaffen wir fantastische Welten oder tragen jene alten Kämpfe wieder und wieder aus, die noch nie zu gewinnen waren. Im Schlaf sind wir gelähmte Heldinnen, ohne Wissen um die eigene Macht.

Ronja hatte nicht geschlafen, sondern bloß dagesessen und die Schlafenden betrachtet, hatte ihren Geräuschen gelauscht und sich einsam gefühlt.

Das erste Licht des Tages kroch grau und kalt durchs Fenster. Es leckte über nackte Körper, die ineinander verschlungen auf dem Matratzenlager ruhten, das Ronja am Abend auf dem Boden eingerichtet hatte. Ronja schob sich unter dem Arm eines Mannes hervor, dessen Namen sie irgendwo zwischen Club und Gartentor verloren hatte, stand leise auf und streifte sich ihre Kleider über. Den schweren Parka nahm sie vom Haken, dann zog sie die Tür vorsichtig hinter sich ins Schloss und ging hinunter zum Strand. Eine alte Frau war mit ihrem Hund unterwegs. Unermüdlich warf sie einen Stock in die Elbe. Sie beachtete Ronja nicht, sondern war ganz eins mit dem Tier, das sich hechelnd ins eisige Wasser warf, brav apportierte und schwanzwedelnd im Sand vor ihr liegen blieb. Die Lichter im Hafen brannten noch und ließen die schweren Ladekräne im milchigen Morgenlicht wie metallene Drachen aussehen. Ihr heiseres Fauchen teilte sich die Stille mit den Möwen.

»Da hast du wohl ein kleines Paradies geerbt, hm?«

Ronja hatte ihn nicht kommen hören, aber Zorans Stimme gehörte zu dem Wenigen, das sie derzeit mit dem Wort Familie assoziieren konnte, also tat es gut, ihn hier zu wissen.

»Guten Morgen«, sagte Ronja leise. »Die Datsche, ja. Hätte nie geglaubt, dass ich einmal irgendetwas erben würde.«

Zoran nickte und strich Ronja die Haarsträhne hinter das Ohr, die der Wind ihr unablässig zwischen die Lippen blies.

»Und ich hätte nicht gedacht, dass du jemals ausziehen würdest. Ich meine, wer würde schon ein Zimmer in der Trommelstraße aufgeben. Und mich. Dass du mir morgens nicht mehr den Kaffee wegtrinkst und das Bad blockierst, ist natürlich kein echter Trost, aber ich freue mich für dich.«

»Danke. Das bedeutet mir viel.«

»Dein Zimmer werde ich trotzdem nicht untervermieten. Nur tageweise an Touris.«

Ronja schüttelte den Kopf.

»Das kannst du dir doch gar nicht leisten, Zoran. Du hast jetzt schon das dritte Zimmer nicht immer ausgebucht.«

»Ich weiß«, sagte Zoran, »vielleicht gebe ich irgendwann das her. Aber gerade kann ich mir nicht mehr vorstellen, jemand Fremden da für länger wohnen zu haben. Außerdem kommt noch der Winter. Ich glaube nicht, dass du es in der Hütte aushältst, wenn wir Minusgrade haben.«

»Ich schon.«

Gegenüber, auf der anderen Seite des Wassers, baumelte ein Container von einem der Kräne herunter. Der Wind nahm zu und mit ihm die Düsternis, die sich in Ronja aufzublähen schien.

Zoran hockte sich in den Sand, kramte einen mageren Tabakbeutel hervor und drehte sich eine Zigarette.

»Und?«, fragte er, als alles wieder in seiner Jackentasche verstaut war. »Willst du mir nicht endlich sagen, was mit dir los ist?«

»Was meinst du?«

»Ronja, bitte! Ich sehe dich dauernd lächeln, aber deine Augen starren ins Leere. Ständig reißt du irgendwen auf, merkst dir aber nicht mal ihre Namen. Alles soll immer noch wilder sein, noch länger gehen, und dann schleichst du dich raus, bevor die anderen aufwachen. Es geht dir nicht gut, das meine ich.«

Das Feuerzeug schnappte auf und Benzinduft begleitete die züngelnde Flamme. Zoran inhalierte den Rauch und blies ihn in Kringeln in den Morgen.

Der Himmel wurde rosa an den Rändern, die Lichter der Kräne erloschen synchron, und in Ronjas Magen rumorte es. Sie setzte sich neben Zoran, grub die Hände in den Sand und dachte an ihr Kennenlernen, drei Jahre zuvor. Daran, wie sie beim WG-Casting eine Flasche Rotwein getrunken und sich unterhalten hatten. Wie sie nicht damit aufgehört hatten, bis es draußen hell geworden war. Daran, dass sie kurzerhand bei Zoran geblieben war. Nach und nach hatte sie ihre Sachen aus der alten Wohnung geholt, hatte die Wände des kleinen Zimmers gestrichen und ihre Pflanzen auf sämtliche Fensterbänke verteilt. Sie hatte sogar den winzigen Balkon begrünt, der von ihrem Zimmer in den Hof hinausragte. Es war ein wildes Abenteuer gewesen, weil sie einander gleichzeitig geliebt und gehasst hatten. Irgendwann hatten sie begreifen müssen, dass sie beide zu kaputt waren, um nicht jeden Versuch einer Liebesbeziehung zu ruinieren. Dass Freundschaft die einzige Option war.

»Wahrscheinlich habe ich einfach mit zu vielen Menschen geschlafen«, sagte Ronja, halb im Scherz, »das hat den lieben Gott erzürnt und zur Strafe kann ich sie jetzt nicht mehr auseinanderhalten.«

»Ronja!« Zoran hob eine Augenbraue.

»Was?«, fragte sie in gespielter Empörung. »Ich bin eben eine Hedonistin und habe gern meinen Spaß!«

Zoran schüttelte den Kopf. »Schwachsinn!«

»Schwachsinn? Was willst du von mir hören? Dass ich mich fühle, als würde ich immerzu eine Rolle spielen? Dass ich am Morgen kaum aus dem Bett komme, weil ich nicht mehr schlafen kann? Dass alles leer und leer und leer ist? Es ist, als wäre ich ununterbrochen hungrig, ich weiß nur nicht, wonach. Ich habe doch alles!«

Zoran legte einen Arm um Ronjas Schultern, und das tat beinahe weh, weil es warm war und vertraut. Weil sie es dennoch nicht einsinken lassen konnte. Ronja war, als befände sich eine Membran zwischen ihrer Schulter und Zorans Arm, als lebte sie in einem Paralleluniversum neben ihm her, in einer anderen Zeit womöglich.

»Warum machst du es dir immer so schwer?«, fragte Zoran. »Vielleicht brauchst du ja doch etwas anderes? Einen Menschen, an den du dich binden, mit dem du endlich mal ankommen kannst?«

Zorans Gesicht veränderte sich jetzt. Ein gequälter Schatten mischte sich in das Lächeln. Ronja begriff, dass er sich meinte, aber sie würde es niemals, niemals wieder dazu kommen lassen.

»Wenn es so wäre, dann wärst es nicht du, Zoran«, sagte sie leise.

»Ich liebe dich«, flüsterte er. »Das weißt du, oder?«

»Ich liebe dich auch. Deswegen ja.«

Ständig benutzte sie dieses Wort, aber Ronja war sich nicht sicher, ob sie damit dasselbe meinten. Eigentlich war sie nicht einmal sicher, was sie selbst damit meinte.

Zoran schüttelte den Kopf und nahm einen weiteren Zug von seiner Zigarette, dann ließ er sich rückwärts in den Sand fallen.

Eine Möwe stieß herab, riss einen undefinierbaren Klumpen aus dem Sand und erhob sich kreischend, flankiert von zwei Artgenossinnen, wieder in die Luft. Die Frau mit dem Hund war verschwunden. Ronja ließ den Blick über den Strand streifen. Das schmale Band feinen Sandes bog sich in einer eleganten Si chel zum Wasser hin, an deren Ende begann der Wald, dahinter war bloß noch die Elbe, die zum Horizont hin immer breiter wurde. Sie waren allein.

»Hast du dich eigentlich entschieden, was du in der Sache mit deinem Chef machen willst?«, fragte Zoran.

Er versuchte offenbar, die Frage beiläufig klingen zu lassen, aber Ronja wusste genau, dass ihn die Geschichte beinahe in den Wahnsinn trieb. Dabei wusste er im Grunde nichts von dem, was wirklich geschehen war.

»Noch nicht«, sagte sie. »Ich will nichts überstürzen. Ich brauche den Job.«

Zoran schüttelte energisch den Kopf und spuckte seinen alten Kaugummi meterweit in den Sand.

»Du kannst in jedem Pflegedienst der verdammten Stadt arbeiten! Du musst da nicht hingehen!«

»Ich will aber nicht woanders hin!«, fuhr Ronja ihn an. »Helen und Susi sind mir wichtiger als der Stress mit Torben.«

»Die beiden würden doch sicher mit dir woanders hin wechseln.«

»So einfach ist das nicht.« Ronja atmete tief durch, um die Geduld nicht zu verlieren. »Außerdem will ich das den beiden nicht zumuten. Hast du eine Ahnung, wie kompliziert so ein Wechsel für Patientinnen ist? Ich krieg das schon wieder in Ordnung!«

»Ach, Ronja«, murmelte Zoran, »du bist entschieden zu gut für diese Welt.«

»Du doch auch.«

Sie legte sich zu Zoran in den Sand und bettete ihren Kopf in seine Armbeuge.

Ronja schloss die Augen.

Einen, zwei, drei Atemzüge lang hatte sie Ruhe, da entspannte sich sogar etwas in ihrer Brust, da wurden die Muskeln weicher.

Aber dann kamen die Bilder:

Ronja sah ein Einfamilienhaus am Stadtrand, sah einen Garten mit Schaukel und Sandkiste. Zwei Kinder waren auch da, ein Junge und ein Mädchen. Ronja trug eine Schürze und holte gerade einen dampfenden Apfelkuchen aus dem Ofen. Nun waren die Kinder weg. Im Garten baumelte das leere Schaukelbrett im Wind. Ronja wartete auf einen Mann, der nicht da war. Falsch. Ronja wartete auf einen Mann, der betrunken war, der irgendwo war, wo sie ihn nicht sehen konnte. Der überall sein konnte. Bei den Kindern, zum Beispiel. Ronja wurde übel.

Ganz plötzlich konnte, nein, wollte sie hier nicht mehr liegen. Sie wollte Zoran nicht, und nicht die Nähe seines Körpers. Ronja rappelte sich auf und strich sich energisch die Sandkörner von der Hose.

»Lass uns zurückgehen«, sagte sie, »Frühstück machen. Die anderen freuen sich bestimmt.«

Und ihr Lächeln war wie ein glatter Lack, auf Hochglanz poliert. Ronja konnte spüren, wie falsch es auf ihrem Gesicht hockte. Das Wesentliche, dachte sie, ist für die Augen unsichtbar. Hieß es nicht, man sehe bloß mit dem Herzen gut?

Vielleicht war das der größte Unterschied zwischen Zoran und ihr. Er sah gut mit seinem Herzen, und sie, sie sah bloß die Geister der Vergangenheit und jene, die aus der Zukunft auf sie zukamen. Ging es um ihre Wahrnehmung, gab es schlicht nichts, auf das sie sich verlassen konnte.

2

Hier und jetzt, wisperte der Wind in den Tannen, *hier und jetzt ist es gut. Hier und jetzt*, zwitscherten die Spatzen in der Hecke, *hier und jetzt ist es sicher. Hier und jetzt,* hauchten die hohen Halme in der Wiese, *hier und jetzt kannst du loslassen.*

Aber Ronja hörte sie nicht.

Ronja saß in dem alten Hängesessel, der am Rande der winzigen Veranda vor sich hin moderte. Ihre nackten Zehen malten unsichtbare Kreise aufs morsche Holz. Halbherzig scrollte sie durch den Newsfeed und wieder einmal gab es alles und gleichzeitig nichts darin zu finden, obwohl sie es sich kaum erlauben mochte, derartige Gedanken hinter ihrer Stirn herumwühlen zu lassen. Zu schnell kam man von diesem Gefühl des Überdrusses zu der Idee, alle Profile gleichzeitig zu löschen, um zu überprüfen, ob es einen dann überhaupt noch gab. Und Ronja fürchtete sich vor derartigen Ideen, weil sie wusste, dass es diese impulsive Seite in ihr gab, die danach dürstete, alles umzuwerfen. Wann war von diesem Teil in ihr jemals etwas Gutes ausgegangen?

Ohne das Smartphone war sie nichts, auch wenn sie kaum einmal genug Guthaben hatte, um jemanden damit anrufen zu können. Ohne ihre Social-Media-Accounts war sie nichts! Und weil sie in jeder App eine andere war, würde sie von einer vielköpfigen Göttin zu einem absoluten Nichts verpuffen, sollte sie sich eines Tages doch dazu entschließen, sie alle zu löschen.

Immerhin verdankte sie den sozialen Netzwerken ihre gesamte gegenwärtige Existenz. Was für ein trauriger Gedanke. Aber

Ronja wusste ja genau, was sie gewesen war, vorher: ein Niemand! Und was das für ein Gefühl gewesen war, an dem Tag, an dem sie endlich genug Geld für ein gebrauchtes Samsung und eine Prepaid-Karte aus dem Supermarkt zusammengespart hatte. Manchmal kam es ihr vor, als wäre das die Geschichte einer Fremden, von der sie in den sozialen Medien erfahren hatte. Sicher hätte sie ein Like dagelassen; krasse Story, tut mir leid für dich, Tränen-Emoji und Blumen-Emoji.

Sie erinnerte sich noch genau an die Scham, die sie hatte schrumpfen lassen, die ihr das Hinschauen verunmöglichte, sodass sie sich nur vorstellen konnte, wie die anderen Mädchen sie anstarrten. Weil sie alle wussten, was bei Ronja zu Hause passiert war, und weshalb sie in die betreute Wohneinheit musste. Es hatte schließlich in allen Zeitungen gestanden, war wochenlang durch die Nachrichten gegeistert: das Familiendrama, die große Tragödie.

Und Ronja hatte sich geschämt, auch dafür, das einzige Alien ohne Smartphone zu sein. Sie verstand die sozialen Codes nicht, die Witze, wusste nichts von Influencern und Celebritys.

Sie erinnerte sich an all das, aber es war ein rein kognitives Erinnern, der Leib war nicht mehr Teil davon. Wie es gewesen ist, dieses Mädchen zu sein, diese blasse Gestalt, das konnte sie nicht mehr fühlen.

Stattdessen verabscheute sie dieses schwache und dumme Kind zutiefst.

Zu ihrer Entlastung musste sie allerdings einräumen, dass es schon viel besser geworden war. Inzwischen vergingen mitunter Wochen, in denen sie schlicht vergaß, irgendetwas zu posten, in denen es sie nicht interessierte, wie viele Kommentare und Likes sie bekommen hatte. Das Leben kam ihr viel zu oft dazwischen und vielleicht, so dachte sie, bräuchte es gar keine aktive Abkehr. Vielleicht reichte es aus, wenn sich ihr Fokus auf etwas anderes ausrichtete.

Wir alle verwandeln uns hin und wieder in Avatare. Wir konstruieren ein Vorwandselbst, eine Alltagsmaske, eine Heldenfigur, die wir mithilfe biographischer Details so weit anpassen, dass man uns nicht direkt entlarven kann.

Für Ronja war die Verwandlung in ihr digitales Selbst ein Akt der Befreiung gewesen, obschon sie die ganze Zeit dahinter verborgen blieb. Das Verweilen in der digitalen Welt glich gleichzeitig einer selbstverordneten, zeitlich unbegrenzten Schonfrist. Schließlich hatte es schlicht keine Notwendigkeit gegeben, in der realen Welt zielführende Schritte zu unternehmen. Die Schule hatte Ronja nicht länger als unbedingt nötig besucht, dafür aber ein Profil in jeder App erstellt, sich neue Namen gegeben, mit Filtern alles ausgemerzt, was noch auf ihr wahres Selbst hätte hinweisen können. Dort, im Netz, verlor sie nie ein Wort über ihre Vergangenheit. Sie war bloß noch jene neugeborene Kunstfigur, der die virtuelle Welt schon bald zu Füßen lag.

Du kannst alles sein und alles wagen, das hatte ihre Mutter behauptet. Sie hatte es wieder und wieder gesagt; ein übermächtiges Mantra und eine Lüge zugleich, aber wie hätte Ronja, das kleine Mädchen von einst, das erkennen sollen?

Im Netz lernte sie, wie sie sich kleiden, wie sie sprechen, wie sie wirksam auftreten konnte, und das von Frauen aus der ganzen Welt. Waren sie nicht alle ihre Mütter, ihre großen Schwestern, waren sie etwa nicht ihre Freundinnen gewesen? Wer hätte schon sagen können, ob Ronja ohne diesen Einfluss jemals in die Großstadt gezogen wäre.

War sie hier etwa nicht echt?

Ronja biss sich auf die Unterlippe, um sich ihr Echtsein in Erinnerung zu rufen.

Aber tief in ihr drinnen wisperte noch die mahnende Stimme: *Du bist ein Fake, Ronja.* Und sie erinnerte Ronja gewissenhaft und brutal an das Versprechen, das die Mutter ihr wieder und wieder abgerungen hatte: *Was immer du tust, such dir bloß keinen Mann!*

Dabei war sie doch eine Göttin gewesen, letzte Nacht. Ronja schluckte, aber der Kloß in ihrem Hals schwoll weiterhin an. Auf wie vielen Tanzflächen hatte sie sie schon zu zermahlen versucht, diese Landei-Schale, die an ihr zu haften schien, ja die sogar nachwuchs, die sich nach wie vor in Ronjas Sprache zeigte und all dem, was sie von der Welt nicht wusste. In jedem Club der Stadt kannten die Türsteher ihren Namen und die Gästelisten waren der Beweis: Ronja war hier gewesen und hatte ihren Stempel hinterlassen.

Und im Taumel der Nacht, wenn sie schillernd zwischen den schwitzenden Leibern schwimmen und sie alle lieben konnte, wo ihr die Geschlechter so egal waren wie die Namen, war sie da etwa nicht sie selbst? Dann waren die Körper von Fremden ihre Spielwiesen und Ronjas Lippen der Honigtopf, an dem sie hingen.

Aber wochentags, wenn die Geschöpfe der Nacht ihren Alltagsleben nachgingen, war Ronja eine andere. Folglich begriff sie, begriff es immer wieder neu, dass all diese Menschen nicht mehr waren als flüchtige Phantome. In Wirklichkeit gab es nur Zoran und Dayo, die ihr inzwischen so vertraut waren, dass sie sie nicht mehr anrühren mochte, mit ihren bedürftigen Fingern.

Verstohlen blickte Ronja zu den beiden hinüber. Dayo und Zoran saßen einander gegenüber auf einer Decke, inmitten der blühenden Gräser, und spielten Backgammon. Früher oder später würde ihr verrottetes Innenleben nach außen sickern, dachte Ronja, dann würden die beiden sie von sich stoßen, wie sie es selbst dauernd mit ihnen tat. Sie würde ihnen alles, alles schonungslos und hässlich offenbaren, und spätestens ab diesem Zeitpunkt wären auch diese Menschen Geschichte. Niemand blieb für immer. Sie war ihrem eigenen Naturgesetz unterworfen.

Aber heute war Sonntag und es war ihr freier Tag und mit diesem kleinen Haken, der sich zäh ans Echte warf, gelang es ihr, die Gedankenkreise endlich zu unterbrechen. Ronja atmete tief durch und legte das Handy auf die Holzplanken.

Im Garten stand das Gras beinahe einen Meter hoch, und es zwitscherte aus allen Ecken. In der Nähe mähte jemand den Rasen. Ein leichter Wind rieb Ronja den frischen Schnittduft unter die Nase. Die letzten Gäste hatten sich zum Glück gleich nach dem Frühstück verabschiedet. Ronja war es recht so, sie mochte es am liebsten, wenn nur sie drei hier waren.

Ein paar Sonnenstrahlen schoben sich durch das Dickicht der Baumkronen, die hellen Kegel, die sich über die Wiese spannten, verliehen der Szene etwas Sakrales. Kurz überlegte Ronja, ob sie ein Foto machen sollte. Dann stellte sie sich vor, wie es sein würde, in ein paar Jahren. Wie weh es tun würde, die beiden so dasitzen zu sehen, wenn sie einander längst nicht mehr kannten.

Nein. Es war viel besser, sie einfach anzusehen, nicht ans Chaos im Inneren zu denken, sondern wenigstens zu versuchen den Moment zu genießen, dass Dayo und Zoran da waren, dass sie gerade nicht allein war. Und mit einem Mal war es, als gäbe es für einen köstlichen Augenblick nichts in der Welt, außer ihnen dreien, den Losern und Abgehängten, die einander durch glückliche Umstände gefunden hatten.

Das Vibrieren des Smartphones ließ Ronja zusammenzucken. Hektisch griff sie danach, ließ es aber beinahe wieder fallen, bevor ihr Daumen endlich den grünen Hörer auf dem Display fand.

»Hallo?«

Dayo warf Ronja von der Wiese aus einen fragenden Blick zu. Sie zuckte mit den Schultern.

»Hallo«, sagte der Anrufer, »hier ist Juri. Ich bin der Enkel von Helen Reinberg.«

»Woher haben Sie meine Nummer?«

»Aus Helens Telefonbuch.«

Ronjas Gedärme verschlangen sich augenblicklich zu einem festen Knoten. »Okay ... Ist Helen etwas passiert?«

»Sie ist heute ins Krankenhaus gekommen. Zwangseinweisung!«

»Was?«

Das Wort steckte wie eine Klinge in Ronjas Brust: Zwangseinweisung. Sie versuchte sich auszumalen, was passiert sein mochte, aber sie kam zu keinem Schluss. Helen war vorgestern noch ganz normal gewesen, und abgesehen von dem Lungenemphysem, das sie nicht davon abhielt, stangenweise Mentholzigaretten zu rauchen, ging es ihr eigentlich wieder gut. Zumindest hatte Ronja das gedacht.

»Ihre Kollegin, die, die zu Ihrer Vertretung da war …«, unterbrach der Mann ihre Überlegungen. »Ihr ist die Katze abgehauen und … Na ja, Helen kann recht ungehalten werden, das wissen Sie ja sicher. Sie hat Ihre Kollegin mit einem Wasserglas beworfen. Musste genäht werden … Helen hat wohl ziemlich getobt.«

»Verdammt!«

»Als die Sanis kamen, hatte Helen das Fenster geöffnet und war auf das Fensterbrett geklettert. Da war die Sache natürlich gelaufen.«

Ronja stand auf und lief die Veranda auf und ab.

»Ich fahre direkt zu ihr!«, rief sie aufgebracht. »In welche Klinik haben sie Helen denn gebracht?«

»Können wir uns treffen?«, fragte der Mann.

»Was? Ich kenne Sie doch gar nicht!« Sie schüttelte energisch den Kopf und begriff erst danach, dass er sie nicht sehen konnte. »Nein, tut mir leid«, sagte sie fest.

Für einen Moment war da nur Stille am anderen Ende, dann räusperte sich der angebliche Enkel und fuhr fort: »Helen hat gesagt, wenn Sie Ihren Dienst nicht getauscht hätten, wäre das alles nicht passiert. Ich darf Ihnen erst sagen, wo sie ist, wenn wir miteinander gesprochen haben. Persönlich. Es war Helens Idee gewesen, Sie anzurufen. Ich hätte nie …«

Und weil Schuldgefühle zur härtesten Währung der Welt gehören, vor allem für Kinder, die zu schnell erwachsen werden mussten, vor allem, wenn diese glaubten, immer für alles die Verantwortung zu tragen, bröckelte die zarte Grenze, die Ron ja soeben zu setzen versucht hatte. Ronja hatte das Gefühl, als würde sie langsam in sich zusammensinken. Sie schrumpfte und schrumpfte und konnte nichts dagegen tun.

Die Schlinge, die dieser Kerl da gerade ausgeworfen hatte, lag perfekt um Ronjas Hals und mit jedem Atemzug zog sie sich fester zu. Eigentlich wäre Ronja am liebsten sofort zu Helen in die Klinik gefahren. Auch, um sich nicht mit einem dahergelaufenen Fremden treffen zu müssen. Aber sie musste zugeben, dass diese Art der Erpressung durchaus zu Helen passte. Außerdem wäre es sicher gut, wenn sie Helen später damit beruhigen könnte, dass sie ihre Katze Judith wiedergefunden hatte.

»Ist in Ordnung«, sagte Ronja, »dann treffen wir uns in einer Stunde in Helens Wohnung.«

Als Ronja endlich an Helens Wohnung ankam, lief ihr der Schweiß in breiten Bahnen die Schläfen hinab. Der Mann öffnete die Wohnungstür, noch bevor sie hatte klingeln können. Für einen Moment starrte er irritiert auf Ronjas Haare, die feucht am Kopf klebten, dann fing er sich wieder und streckte ihr förmlich die Hand entgegen. Die Andeutung eines Lächelns hockte in den Fältchen um seine Augen.

»Juri«, sagte Juri.

»Ronja«, sagte Ronja, ignorierte die freundliche Geste und ging an ihm vorbei ins Wohnzimmer. Ohne ein weiteres Wort inspizierte sie die unzähligen Verstecke, in die sich die verdammte Katze für gewöhnlich zurückzog. Helen hatte Ronja schließlich schon diverse Male außerhalb der Schichten zu sich zitiert, weil sie befürchtet hatte, ihr Liebling wäre aus dem offenen Fenster gefallen. Bisher hatte Ronja das Tier immer gefunden und fauchend ans Tageslicht gezerrt. Teils, um die alte Dame zu beruhigen, teils, um der haarigen Diva einen Denkzettel zu verpassen.

»Hier drinnen ist sie nicht«, sagte Juri. »Sie ist an deiner Kollegin vorbeigelaufen, aus der Wohnungstür raus. Die ist dem Vieh wohl noch hinterhergerannt, aber unten war die Haustür offen.« Juri lehnte mit verschränkten Armen im Türrahmen und lächelte Ronja nun offen an.

»Und was sollen wir jetzt machen? Den ganzen Kiez ablaufen und hoffen, dass sie uns dankbar in die Arme springt? Kennst du diese Katze? Sie ist ungefähr so liebreizend wie deine Oma!«

Ronja hatte eine ausgemachte Schwäche für Helen, aber das würde sie Juri sicher nicht so schnell wissen lassen. Ihr gegenüber hatte Helen schließlich nie einen Enkel erwähnt, was ihn in Ronjas Augen bereits für eine vertrauensvolle Zusammenarbeit disqualifizierte.

»In welches Krankenhaus haben sie Helen gebracht?«

»Nord.«

»Dann fahre ich jetzt zu ihr!«

»Ronja!«

»Was?«

»Wir müssen sie da rausholen«, sagte Juri leise.

Ronja sah ihn schockiert an.

Juri knetete energisch am Geschirrhandtuch, das er schon die ganze Zeit mit sich herumtrug. »Du kennst sie doch, oder? Sie hält sehr viel von dir, ich würde sogar sagen, sie zählt auf dich«, sagte er. »Und wir haben sonst niemanden.«

»Wieso eigentlich wir?«, fragte Ronja. »Dich hatte sie ja bisher auch nicht, oder? Ich zumindest habe von dir überhaupt noch nie was gehört. Meines Wissens hat Helen keine lebenden Verwandten mehr.«

Juri rieb sich mit der freien Hand den Kopf und starrte angestrengt auf seine Zehen. Die Schuhe hatte er brav an der Wohnungstür abgestellt, zumindest kannte er die Regeln.

»Ich war eine Weile weg«, sagte er, »vielleicht hat sie einfach nicht mehr an mich gedacht.«

Juri hob den Kopf. Der verzweifelte Ausdruck in seinem Gesicht ließ Ronja die nächste schnippische Bemerkung im Hals gefrieren, wo ihre Kristallspitzen ein schmerzhaftes Brennen hinterließen.

»Wieso willst du sie da unbedingt rausholen?«, fragte sie stattdessen.

Juri seufzte, dann ließ er sich in den Sessel fallen. Der Sessel, in dem Helen für gewöhnlich wie eine Königin thronte. Der Anblick war beinahe unerträglich, ganz so, als würde Helens Fortsein damit zu einer unumstößlichen Tatsache. Als käme sie nie mehr hierher zurück.

»Als ich sie heute in der Klinik besucht habe, hat Helen mich nicht hereinkommen gehört. Sie saß mit dem Rücken zu mir.« Juri sprach jetzt sehr leise, kontrolliert.

»Und?«, fragte Ronja.

»Sie hat versucht, sich die Pulsadern mit dem Buttermesser aufzuschneiden. Ronja! Mit einem beschissenen Buttermesser!«

Buttermesser, Buttermesser, Buttermesser, hallte es in Ronjas Kopf nach. Alles Blut sackte nach unten, wo es sich ängstlich um die Knöchel herum zu sammeln schien. Für einen Moment glaubte Ronja zu stürzen. Sie stellte sich vor, wie ihre Helen in einer Blutlache auf einem tristen Krankenhausbett lag, im weißen Nachthemd, wo jeder sie so sehen konnte.

»Nein!«, rief sie und wischte eine Träne, die sich nicht wegblinzeln ließ, von ihrer Wange.

»Sie stirbt da drinnen, Ronja. Sie wird einen Weg findet.«

Ronja schüttelte den Kopf, aber sie wusste, wusste ja, dass Juri recht hatte.

»Ich habe eine Wohnung in der Talstraße«, fuhr Juri fort, »Helen kann bei mir bleiben, für eine Weile.«

Er blickte Ronja erwartungsvoll an, aber seine Worte klangen dumpf, als spräche er durch Watte. Hinter Ronjas Stirn wetzten die Schuldgefühle ihre Klingen. Hätte sie nicht wissen müssen, wie es um Helen stand? Hätte sie ihren Dienst nicht getauscht, weil ihr die Party wichtiger gewesen war, wäre Helen sicher noch hier! Aber noch hatte sie zumindest nicht Helens Tod zu verantworten! Verpflichtete sie das nicht zum Handeln? Aber was Juri da verlangte, war unmöglich! Völlig drüber!

»Juri, es tut mir wirklich leid«, flüsterte Ronja, »wirklich, wirklich leid, das musst du mir glauben. Aber was du da vorschlägst, das … das geht nicht! Das wäre ja Entführung! Dafür würde ich auf jeden Fall meinen Job verlieren und vielleicht gehen wir dafür sogar in den Knast! Und wenn sie sich dann wirklich etwas antut, hast du darüber mal nachgedacht? Was ist, wenn sie aus deinem Fenster springt? In der Klinik ist sie wenigstens sicher! Du hast denen doch Bescheid gesagt? Wegen dem Messer, meine ich?«

Juri warf das Handtuch in die Ecke und fuhr sie an: »Damit sie Helen am Bett fixieren oder mit Medikamenten vollstopfen?«

»Quatsch! Die sind doch ausgebildet für solche Sachen!«

»Niemand ist dafür ausgebildet mit Helen umzugehen! Sie macht immer, was sie will, gerade du solltest das wissen!«

Das stimmte.

Die einzige Art mit Helen auszukommen war die, ihr nichts vorzumachen und ihr auf Augenhöhe zu begegnen. Ronjas Kolleginnen war das nicht gelungen, deshalb war sie ja auch die einzige Pflegerin, die Helen noch in ihrer Nähe akzeptierte. Und das war auch der Grund, weshalb Ronja als Betreuungskraft angestellt war, eine Position, für die sie nach der Ausbildung eigentlich überqualifiziert war. Vielleicht sollte sie Helen sogar dankbar sein, denn wo ihre Kolleginnen oft nur wenige Minuten Zeit hatten, um die medizinische Versorgung zu leisten, konnte Ronja oft viele Stunden mit ihren Patientinnen verbringen. Ihre Aufgabe war es, ihnen bei der selbstständigen Bewältigung des Alltags zu helfen.

Ronja drehte sich um und stützte sich mit den Händen auf dem Fensterbrett ab, wo sie, umzingelt von verholzten Kakteen, herumzitterten.

Unten auf der Straße rauschten die Autos vorbei. Irgendjemand hatte die Gehwegplatten vor dem Haus angesprüht. *Ich war hier*, stand da geschrieben. Und für einen Sekundenbruchteil sah Ronja ihre Helen dort unten liegen, die dürren Arme weit gespreizt. Ein toter Engel, der nicht rechtzeitig das Fliegen gelernt hatte.

Auf der gegenüberliegenden Straßenseite breitete sich groß und grau die asphaltierte Fläche des Heiligengeistfeldes aus, an dessen linkem Rand der alte Luftschutzbunker der Zeit trotzte.

Ronja musste an den Blick denken, mit dem Helen manchmal genau an dieser Stelle gestanden und ausgesehen hatte, als wäre sie gerade weit weg, zurück in einer anderen, einer sehr viel schwereren Zeit.

Helen hatte schon während des Krieges hier im Viertel gelebt. Sie war unzählige Male zu ebendiesem Bunker hinübergerannt, wenn der Fliegeralarm ertönt war. Einmal wurde sie nicht mehr hereingelassen. Sie kauerte während des Bombenangriffs mit anderen Zurückgewiesenen vor dem Eingang, da war sie noch ein Kind. Unterdessen machte sie, die sie noch kaum etwas von beidem kannte, ihren Frieden mit dem Leben und der Welt, und kehrte schließlich doch wohlbehalten in die Wohnung ihrer Eltern zurück. Als sie im Flur in den Spiegel schaute, war ihr Haar grau vom Staub, wie die Kleidung auch. Nur das Rot der Schuhe leuchtete. Und deshalb trug sie auch heute noch ausschließlich rote Socken und Schuhe.

Alles habe noch am rechten Platz gelegen, hatte Helen gesagt, und das sei ihr wie ein Wunder vorgekommen, weil sie selbst sich in der kurzen Zeit ihrer Abwesenheit so verändert hatte. Und Ronja wusste genau, wovon Helen sprach.

Mit einem Mal stand Juri ganz nah bei ihr. Ihre Schultern berührten einander und Ronja staunte, weil ein eigentümlicher Sog sie zu Juri hinzog. Sie stellte sich vor, wie junge rankende Pflanzentriebe sich miteinander verknüpften, dort, wo ihre Arme jetzt aneinander lagen.

»Du magst sie sehr, oder?«, fragte Juri.

»Ja«, sagte Ronja, »ich mag sie sehr. Nur ihretwegen habe ich die Ausbildung gemacht. Davor bin ich lange arbeitslos gewesen und habe Helen für ein paar Euro die Einkaufstaschen getragen. Helen ist der erste Mensch gewesen, der wirklich an mich geglaubt hat. Und ich kann gut verstehen, warum sie die übergriffigen Hilfsangebote meiner Kolleginnen so unerträglich findet. Ich glaube, ich wäre genauso. Helens Verstand ist messerscharf und schnell, man muss sie nicht bemuttern. Sie hasst das! Schickt sie einen Kippen kaufen, kauft man ihr eben Kippen. Aber ganz sicher hält man ihr keinen Vortrag darüber, dass Rauchen ungesund ist. Zumindest nicht, wenn einem das Leben lieb ist.«

Ronja schmunzelte und Juri lachte laut auf. Es war ein warmes, ein leichtes Lachen, das die Schlinge um Ronjas Kehle ein wenig lockerte und ihrem Atem Raum gab. Es tat gut.

»Können wir auf dich zählen?«, fragte Juri.

»Vorher will ich selbst mit ihr sprechen.«

»Das geht doch nicht! Wenn dich dann jemand erkennt, funktioniert die ganze Sache nicht mehr!«

Es war ihm wirklich ernst. Glaubte er etwa, dass sie bereit war, ein Berufsverbot zu riskieren, ohne sich abzusichern? Oder war er so naiv? Sie ärgerte sich, weil sie dieses verdammte Spiel schon kannte: alles oder nichts! Und für Leute wie sie war der Ausgang in der Regel schon vorher klar.

Ronja löste sich vom Fensterbrett und von Juris Schulter. Sie rieb sich mit den Händen übers Gesicht.

»Ich muss nachdenken«, sagte sie, »ich melde mich bei dir.«

3

»Zwölf«, sagte Judy zu sich selbst und schüttelte den Kopf. Jemand stahl ihre Tomaten! Gestern waren es noch fünfzehn gewesen, da war sie ganz sicher. Schnell holte sie eine Schale aus dem Schrank, stellte sie zwischen die Tomatenpflanzen auf dem breiten Fenstersims und begann mit der Ernte. Dann waren sie eben noch nicht ganz rot, die würden schon nachreifen. Hauptsache sie verschwanden nicht im gierigen Schlund eines Ganoven, der kein bisschen Mühe für ihr Gedeihen aufgewandt hatte.

Es war doch sehr unwahrscheinlich, dass sich jemand von der Straße aus in den schmalen Gang vorgearbeitet hatte, durch das Tor hindurch und an den Fahrrädern vorbei, nur um sich über ihre Tomaten herzumachen. Sehr viel wahrscheinlicher war es natürlich, dass jemand aus dem Haus, oder jemand, der in einem der benachbarten Gebäude lebte, schon lange ein Auge darauf geworfen und nur darauf gewartet hatte zuzuschlagen, sobald die ersten Früchte reif waren.

Judy lehnte sich etwas aus dem Fenster, um nachzusehen, ob jemand aus der Nachbarschaft sich draußen herumtrieb. Aber ihr Rücken war heute in keinem guten Zustand, gleich zwickte es wieder im Kreuz. Sie stützte sich mit der linken Hand an der Backsteinwand ab und fluchte laut, als die Dornen der Hundsrosen, die bis zu ihrem Fenster herangewachsen waren, in ihre Finger stachen. Judy betrachtete ihren Daumen, den es besonders schlimm erwischt hatte. Ein dicker Blutstropfen quoll hervor. Sie ließ die Tomaten sein und bewegte sich langsam zum

Badezimmer, die rechte Hand ans schmerzende Kreuz gepresst, die linke mit dem blutenden Daumen weit nach oben gereckt.

Dort angekommen pulte Judy ein Pflaster aus der Packung, was gar nicht so unkompliziert war, mit diesen alten, steifen Fingern. Als sie den Daumen endlich versorgt hatte, warf sie einen Blick in den Spiegel.

»Na, altes Mädchen«, sagte sie und blieb mit dem Blick ein wenig zu lange an dem Feuermal auf der Wange hängen, das die Form einer Feder hatte, »da hast du's mal wieder: Den Menschen ist einfach nicht zu trauen.«

Als Judy wieder bei ihren Tomaten angelangt war, gab es in der Hecke gegenüber einen gewaltigen Radau. An die zwanzig Spatzen stoben mit wildem Gezwitscher gleichzeitig auf und flatterten panisch über den schmalen Plattenweg, zwischen dem Zaun und den Hauseingängen.

Dann erklang aus den Tiefen der Buchenhecke ein klägliches Miauen.

Judy kannte die Katzen aus dem Revier. Manchmal stellte sie ihnen ein bisschen Milch raus, auch wenn Frau Safi von nebenan ihr das verboten hatte, weil Katzen angeblich keine Milch vertrugen. Aber keines der Tiere hatte eine solch abgenutzte und raue, ja greisenhafte Stimme wie dieses hier.

»Na, meine Kleine, was machst du denn da im Gebüsch?«, fragte Judy.

Die Katze antwortete mit einem weiteren Miauen, kam aber nicht aus ihrem Versteck hervor.

Judy wartete eine Weile. Als sich nichts tat, holte sie eine Scheibe vom Räucherlachs aus dem Kühlschrank, zupfte einen Fetzen ab und warf ihn in Richtung des Geräuschs auf den Weg vor ihrem Fenster.

Es dauerte geschlagene zehn Minuten, bis die Katze sich aus ihrem Unterschlupf hervorwagte. Sie schlich mit auf dem Boden schleifendem Bauch an den Lachs heran, dann verschlang sie ihn gierig und blickte Judy aus großen runden Augen an.

Tatsächlich, diese Katze hatte Judy hier noch nie gesehen. Aber sie erkannte eine verwandte Seele, wenn sie eine sah.

»Zissele!«, rief sie. »Was machst du denn hier, hast du dich verlaufen?«

Judys freundliche Ansprache wirkte: Die Katze lief schnurrend und mit zur Antenne aufgerichtetem Schwanz an der Hauswand entlang, dann sprang sie mit einem eleganten Satz direkt zwischen Judys Tomaten, wo sie weiterschnurrend und mit den Augen blinzelnd einen Buckel machte.

»Du bist aber ein freundliches Zissele, eine ganz Feine bist du«, gurrte Judy, als ob sie damit ins Schnurren einstimmen könnte.

Die Katze sprang vom Fensterbrett in die Küche und Judy lehnte sich noch einmal aus dem Fenster, diesmal, um sicherzugehen, dass niemand sie beobachtete. Dabei behielt sie die Hände bei sich, der Hagebutten wegen. Als keine Menschenseele zu sehen war, nahm Judy die Schale mit der Tomatenernte an sich und schloss leise das Fenster.

Die Katze inspizierte schon die Wohnung, die mit drei Zimmern eigentlich etwas zu groß für Judy war. Sie hatte sie trotzdem genommen, weil es im Viertel nur wenige Wohnungen mit ebenerdigem Eingang gab und man in ihrem Alter unbedingt darauf achten musste. Schließlich hatte man sonst einen weiteren Umzug zu befürchten, und dem wollte sie sich bis zu ihrem Lebensende keinesfalls noch einmal aussetzen.

Die Katze rieb ihr Kinn an dem grünen Cordsofa, das Judy so teuer war. Früher wäre es für sie undenkbar gewesen, tatenlos zuzusehen, wie sich ein Tier in ihrer Wohnung bewegte, wo es alles mit Haaren und Wer-weiß-was kontaminieren konnte. Aber nichts davon störte sie mehr. Ganz im Gegenteil, es war gut, dass sie einmal nicht allein war, hier drinnen.

Judy setzte sich auf das Sofa und schloss die Augen. Das Schnurren der Katze ließ sie so ruhig werden, wie sie es schon lange nicht mehr gewesen war. Das Tier stupste mit dem runden

Kopf gegen ihren Arm, und als Judy die Hand hob, kroch die Katze darunter und rollte sich auf ihrem Schoß zusammen.

Das Schnurren war jetzt überall.

Beinahe glaubte Judy, sie selbst wäre es, die die wohltuenden Vibrationen erzeugte.

»Na, Zissele«, flüsterte sie, »das ist aber ein glücklicher Zufall, dass du mich gefunden hast.«

4

Ronja interessierte sich für Behausungen, seit sie denken konnte. Vielleicht lag es daran, dass sie in einem alten Bauernhaus gewohnt hatte, noch dazu einem, das von außen besehen gemütlich und freundlich aussah. Aber es war nie behaglich gewesen, nie ein Gehäuse, das Schutz versprach. Als Kind erbte Ronja die Schildkröte einer alten Nachbarin, deren Ehemann viele Jahre zur See gefahren war. Er hatte das arme Geschöpf bei einem Spaziergang auf einer seiner Reisen eingesammelt, und es seiner Frau geschenkt, die sich nur leidlich für das Tier begeistern konnte. Es kam, wie es kommen musste: Die Schildkröte überlebte den Seemann um Jahrzehnte, und schließlich sogar noch dessen Frau. In der Nachbarschaft gab es kaum Kinder und so drückte der inzwischen erwachsene Sohn der Verstorbenen, der wohl Ronjas Einsamkeit ahnte, ihr die Schildkröte einfach im Vorbeigehen in die Hand.

Ronja lag damals gern auf der Wiese und beobachtete, wie das Tier mit gierigen Bissen nach den Blättern des Löwenzahns schnappte, wie es durch das hohe Gras stapfte und sich beim kleinsten Schatten, der auf es fiel, ins Innere des Panzers zurückzog. Als die Schildkröte eines Tages doch starb, kochte der Vater sie aus und legte Ronja den Panzer eines Abends aufs Kopfkissen. Als Andenken. Es schauerte Ronja beim Gedanken an den ersten Schrecken. Aber dann hatte sie ihn gemocht, den Panzer. Innen, in der hohlen Wölbung, waren die einzelnen Wirbel noch deutlich zu erkennen. Davor hatte Ronja geglaubt, die Schildkröte wäre bloß über die Haut mit dem Panzer verbunden gewesen. Aber nein, der Panzer war quasi eine Erweiterung des Rückgrats. Und das machte etwas mit Ronja, dieses Wissen, dass man mit einem Gehäuse verwachsen konnte, sodass man darin sicher und geborgen war, bis ans Lebensende.

Eine Zeitlang war Ronja von dem Gedanken wie besessen gewesen. Sie baute sich überall Verschläge und Höhlen, sammelte und hortete jedes Schneckenhaus, das sie unbewohnt vorfand. Sie verbrachte viele Stunden vor dem Fernseher, immer auf der Suche nach Dokumentationen über exotische Tiere in ihren Nestern, oder den noch exotischeren Behausungen irgendwelcher Messis im Trash-TV.

Ronja war seither überzeugt davon, dass es kaum etwas Wichtigeres gab, als eine Behausung, die zu einem passte. Aber dennoch war es ihr noch nie, in all der langen Zeit nicht, gelungen, sich ein Zuhause einzurichten, das sie wirklich zur Ruhe kommen ließ.

Aber Dayos Wohnung war anders. Dayos Wohnung war ein magischer Ort. Wenn Ronja sie betrat, hatte sie jedes Mal das Gefühl, als würde sie in ein Nest fallen, das Dayo in die Falten einer parallelen Dimension gewoben hatte.

Alles war genauso, wie Ronja es mochte, ohne dass sie selbst jemals darauf gekommen wäre, dass man Räume auf eine so verwegene Weise gestalten konnte. Dayo hatte die Wände des winzigen Flures mithilfe einiger Spraydosen und dem Blatt eines Ficus Monstera in eine Art Dschungelportal verwandelt. Von dort aus gelangte man in die Küche, mit dem Fenster hin zum wild bewachsenen Hof. Und Dayo war sicher die einzige Person in diesem Universum, der es gelang, ein Töpfchen Basilikum aus dem Discounter in eine üppig wuchernde Zimmerpflanze zu verwandeln. Die Wohnung war winzig. Neben der Küche gab es noch das Schlafzimmer, das liebevoll und sparsam dekoriert zum Entspannen einlud, und ein kleines Loch von Badezimmer. Am

Spiegel hing eine Postkarte, auf der stand *God is a Girl*. Überall duftete es nach diesem Organic Pillowspray, das es inzwischen nicht mehr zu kaufen gab. Ronja inhalierte den Duft, als wäre er Medizin, und dachte dabei an die unzähligen Tränen, die sie schon in die Matratze von Dayos Bett geweint, an all die schlimmen Nächte, die sie in Dayos Armen überstanden hatte.

Am Anfang hatte Ronja geglaubt, der Fluch ihrer Mutter ließe sich umgehen. Da wollte sie Dayo als ihre Frau lieben. Aber das funktionierte nicht. Es schien nicht am Geschlecht zu liegen, das begriff sie damals. Vielmehr ging es wohl um die Rolle, die ein Partner oder eine Partnerin unweigerlich im eigenen Leben einnahm.

Eigentlich fühlte sich Ronja in Dayos Wohnung immer zuhause. Aber heute kam sie sich hier fremd vor und der Kaffee, den sie normalerweise genoss wie keinen anderen, schmeckte bitter.

»Ich sollte einfach hinfahren und selbst mit Helen sprechen, oder?«, fragte Ronja, während ihr Daumennagel unablässig die Glasur der Tasse bearbeitete.

»Ja, natürlich solltest du das! Ich meine, jeder fiese Enkeltrick funktioniert doch nur deshalb, weil die Typen einen unter Zeitdruck setzen und einem keine Zeit zum Nachdenken lassen«, sagte Dayo.

»Ich habe doch Zeit zum Nachdenken. Nur halt nicht ewig. Aber das liegt ja an Helen und nicht an Juri!« Ein Stückchen von der Glasur sprang ab und Ronja stellte die Tasse schnell auf den Tisch zurück.

Dayo sah sie vorwurfsvoll an.

»Lass die Tasse heil!« Dayo nahm Ronjas Hand in ihre. »Also, wenn ich dich so reden höre, habe ich den Eindruck, du hast dich längst entschieden«, sagte sie, und ein feines Lächeln hob ihre Mundwinkel.

»Es ist völlig wahnsinnig, oder?«, fragte Ronja.

»Jup.«

»Helen sagt immer, dass sie sich lieber umbringen würde als

in ein Heim zu gehen. Aber ich habe das für eine Floskel gehalten.«

»Und du traust es ihr wirklich zu?«

»Ja. Ich traue es ihr sogar absolut zu.«

»Und dieser Juri? Was, wenn er dich wirklich anlügt?«

»Ich kann dir nicht sagen, warum ich diesen Typen für vertrauenswürdig halte. Es ist einfach so ein Gefühl. Er hat etwas Verlässliches, in der Art wie er einen ansieht und wie er über Helen redet. Irgendwie denke ich, er ist einer, der zu seinem Wort steht. Ein lieber Kerl eben.« Ronja zuckte mit den Schultern.

»Aha«, sagte Dayo, »das klingt zumindest nicht nach deinem Beuteschema. Und das könnte ja durchaus etwas Gutes sein.«

»Du bist mein Beuteschema«, flüsterte Ronja lächelnd und drückte Dayos Hand.

Dayo lächelte zurück und streichelte mit der freien Hand Ronjas Wange. Und Ronja legte ihr Gesicht in Dayos Handfläche, wie sie es schon lange, viel zu lange nicht mehr getan hatte. Das tat gut. Das tat sogar so gut, dass Ronja die Tränen kamen.

Aber auch das war nur für einen Wimpernschlag real. Dann tobten Ronjas Gedanken weiter, über einen Parcours unbekannter Gefahren, der ihre Brust eng und ihren Mund trocken werden ließ.

Plötzlich fühlte sie nichts mehr. Sie hatte das Gefühl, als steckte sie in einer Hülle aus Beton. Einem Sarkophag. Fleischverzehrer. Das Wort Sarkophag bedeutete Fleischverzehrer. Woher wusste sie das überhaupt und wie kam sie jetzt darauf?

Ganz sicher fühlte es sich nicht an, als würde etwas in ihrem Inneren verzehrt werden. Ganz im Gegenteil! Das, was da drinnen war, schien sogar noch zu wachsen, nach draußen zu drängen. Sie war bestenfalls ein havarierter Atomreaktor, radioaktiver Müll mit einer Halbwertszeit, die sie selbst nicht kannte. Aber so einen hatte man schließlich auch schon mal mit einem Sarkophag verhüllt, sogar einem aus Beton.

Ronja dachte an die Bilder aus Tschernobyl. Sie hatte erst gestern einen Artikel über den Bau der neuen Schutzhülle gelesen, die über dem alten Sarkophag errichtet wurde. So war sie, das passte doch. Sie war ein hoffnungsloser Fall, ganz gleich, was sie an der Fassade änderte. Es schien weder einen Weg zu ihr hinein zu geben, noch gab es einen, über den sie hinausgelangen konnte.

»Wenn du was brauchst«, sagte Dayo, »ich bin für dich da. Ich will, dass du das weißt, ja?«

Ihre Stimme zitterte ein wenig. Vielleicht spürte auch sie, wie unendlich weit sie gerade voneinander entfernt waren.

Ich bin noch hier drinnen, hätte Ronja am liebsten gerufen, aber es kam kein Ton aus ihr heraus. Stattdessen nickte sie schnell, stürzte den inzwischen beinahe kalten Kaffee hinunter und sagte: »Okay, wenn ich es schon tun muss, dann kann ich es auch gleich tun. Solange ich noch den Mut dazu habe.«

Sie drückte Dayo einen flüchtigen Kuss auf die Wange und lief davon; nicht zum ersten Mal. Und Ronja fürchtete sich vor dem Tag, an dem Dayo sie nicht mehr willkommen heißen würde.

Die Außenwelt suchte Ronja mit einem feinen Nieselregen heim, der sich langsam bis in ihre Nebenhöhlen vorarbeitete.

In Hamburg sagen wir dazu ›Hohe Luftfeuchtigkeit‹, hörte sie Zoran sagen, oder besser Zorans verinnerlichte Stimme, die längst in ihrem Kopf wohnte, von wo aus sie alles Mögliche kommentierte. Ronja bahnte sich ihren Weg zur KLEINEN PAUSE, vorbei an hippen Szenebars aus deren offenen Fenstern Gesprächsfetzen und Musik waberten.

Der winzige Imbiss bereitete die besten Fritten der Stadt zu, darüber waren sich alle einig, und Ronja hoffte ein wenig, Susi Fuchs zu treffen, die hier abends gern ein Bier trank. Aber Susi war nicht da, also aß Ronja allein und im Stehen.

Wo geriet sie da bloß gerade wieder hinein?

Aber es gab keinen anderen Weg, zumindest konnte sie keinen erkennen. Also würde sie wohl oder übel für Helen alles riskieren, vermutlich ihren Job verlieren und, wenn wirklich alles schief ging, sogar Helens Tod bis ans Ende ihrer Tage als eitriges Geschwür auf der Seele tragen.

Vielleicht würde sie sogar ins Gefängnis kommen und letzten Endes damit doch noch in die Fußstapfen ihrer Mutter treten.

Mit zitternden Fingern drückte Ronja auf Wahlwiederholung.

»Hallo?«, fragte Juri.

»Ich bin dabei«, sagte Ronja.

5

Als Ronja erwachte, war ihr Körper ganz aus Blei. Außerdem war um sie herum unerträglicher Lärm. Die schrillen Töne bohrten sich in ihre Schläfen. Es brauchte einen Moment, bis sie begriff, wo sie war, dann wischte sie hastig über das zersplitterte Displayglas ihres Smartphones und deaktivierte die Weckfunktion.

Sie schob sich aus dem Bett und zog sich an.

Sie wusch sich das Gesicht.

Sie goss, noch mit der Zahnbürste im Mund, den Kaffee auf und hockte sich anschließend mit der dampfenden Tasse in den beinahe noch dunklen Garten.

Die ersten Singvögel hatten schon mit ihrem Frühkonzert begonnen, ansonsten störte kaum ein Geräusch den Morgen. Ab und zu hörte man das Quietschen und Stöhnen, das vom weit entfernten Hafen herübergeweht wurde, eine Möwe, eine Bö, die sich in dem alten Windspiel verfing, das an der Regenrinne hing.

Ronja zögerte den Moment des Aufbruchs hinaus. Wägte ab. Schließlich raffte sie sich doch auf, um zur Arbeit zu fahren.

Der Radweg, der am Elbstrand entlang zur Stadt führt, war schlecht beleuchtet, und in den Schatten lauerten Schlaglöcher, die sie jederzeit stürzen lassen konnten. Ronja fuhr konzentriert, ihr Blick haftete am schmalen Lichtkegel der Fahrradlampe. Das half, nicht immerzu an Torben denken zu müssen.

In dieser Zwischenwelt, in der auf der einen Seite des Flusses die riesigen Kräne und Schiffe eine Verbindung zu allen Häfen der Welt hielten, und sich auf der anderen Seite spießige Gärten vor den Häusern der Reichen aneinanderreihten, die mit den geschmacklosesten Gartenzwergen und immerhin bezaubernden Heckenrosen geschmückt waren, hing ein Hauch von Mystik in der Luft, solange keine anderen Menschen zu sehen waren. Der neue Weg zur Arbeit war zwar viel weiter als von Zorans Wohnung aus, aber dafür konnte Ronja diese Schleuse genießen; das Hineinfahren ins Viertel, in dem sie arbeitete – und das bewusste Wegfahren. Vor allem konnte sie so Kilometer zwischen sich und Torben bringen. Durchatmen. Spüren, dass er weit weg war und sich mit jeder Reifenumdrehung, mit jedem kräftigen Tritt weiter entfernte.

Für die ersten beiden Schichten des Tages waren grundsätzlich zwei Personen eingeplant. Ronja hatte im Dienstplan gesehen, dass Torben mit einer Kollegin getauscht hatte und selbst die zweite Schicht heute früh übernehmen würde. Das hatte er noch nie getan, seit er die Stationsleitung übernommen hatte. Ronja war sich sicher, dass er es nur deshalb tat, weil sie so gemeinsam Dienst haben würden. Weil die anderen erst Stunden später, zum Mittagsdienst, kommen würden.

Als Ronja in die Straße einbog, an deren Ende sich die Station befand, bekam sie kaum noch Luft. Das Hochhaus mit dem Pflegedienst im Erdgeschoss erreichte sie viel zu schnell. Sie stieg ab und schloss das Rad an der Laterne fest. Zoran wohnte ganz in der Nähe, daran wollte sie denken, nur nicht vergessen: Sie war nicht allein. Vielleicht würden sie später gemeinsam auf dem Dach sitzen, hinüber zu den Landungsbrücken sehen und bei Wein und Käse über das Leben philosophieren.

Ronja sehnte sich nach ihrer alten Chefin zurück, und nach der liebevollen Strenge, mit der sie sie immer wieder davon überzeugt hatte, die Ausbildung abzuschließen, wenn Ronja geglaubt hatte, zu dumm dafür zu sein. Damals hatte Ronja eine gute Zukunft vor sich gesehen, zumindest im Spiegel der Augen ihrer

Ausbilderin. Aber die war jetzt fort, und Torben war ganz anders. Eigentlich war ihr Leben beinahe perfekt gewesen, dachte Ronja, bevor er aufgetaucht war. Wieso bloß hatte sie das damals nicht bemerkt?

Als Ronja die Station betrat, fand sie sich sofort mit Torbens anzüglichem Grinsen konfrontiert. Er lehnte an der Arbeitsfläche in der kleinen Küche, das Becken weit vorgeschoben, und fummelte mit den Händen in den Taschen seiner weißen Hose herum.

»Na? Wildes Wochenende gehabt?«

»Morgen«, sagte Ronja leise.

»Ihr wart ja ganz schön wild, auf dem Dancefloor!«, sagte er und blickte Ronja schmierig an.

Ronja sagte nichts.

»Hast dir große Mühe gegeben, mich nicht zu beachten, hm?«

Ronja sagte nichts.

Ein saurer Geschmack legte sich auf ihre Zunge, den kannte sie schon lange, der wollte sie warnen. Der Geschmack erinnerte sie an jenen Abend, an dem sie nicht schnell genug gewesen war, erinnerte sie an Torbens Bieratem nach der Betriebsfeier und daran, dass sie sich nicht aus seinem Griff hatte befreien können. Er erinnerte sie an das Gefühl, das der schäbige Tisch im Personalraum auf ihrem Rücken hinterlassen hatte, an ihren Rock, der doch zu kurz, ihren Widerstand, der doch zu kläglich gewesen war. Daran, dass nur ein Polizeieinsatz, der zufällig direkt vor der Tür stattgefunden hatte, Torben abgelenkt und ihr die Flucht ermöglicht hatte. Scham, Ekel, Angst. Ronja fühlte alles wieder genauso wie an diesem Abend. All das und die Erinnerung an andere machtlose Momente, solche, die schon sehr, sehr lange zurücklagen.

Warum nur hatte sie niemandem davon erzählt, was Torben getan hatte? Und wo war der verfluchte Sarkophag, wenn sie ihn wirklich hätte gebrauchen können? Gerade jetzt fühlte sie so viel mehr, als zu ertragen war! Torbens Blicke auf ihrem Körper und seine ganze widerliche Präsenz, die den Raum bis in den letzten Winkel ausfüllte. Wieso drang ausgerechnet der Geruch von Torbens Aftershave so tief in sie ein? Er traf sie wie ein Faustschlag und ließ sie gleichzeitig erstarren – ein verschrecktes Tier. Torben machte einen Schritt auf Ronja zu. Die Diensttasche rutschte ihr aus den zittrigen Fingern und zwang sie dazu, sich zu bücken, um sie aufzuheben, aber Torben ging ebenfalls blitzschnell in die Knie und legte eine Hand auf Ronjas Schenkel.

»Na na, so nervös?«

»Torben, lass es!« Ronja schickte all ihre noch verbliebene Kraft in die Zungenspitze und hoffte, dass es reichte.

»Was hast du denn? Warum bist du bloß immer so?«, fragte Torben in gespieltem Unverständnis.

Ronja sagte nichts.

Ronja dachte an Helen Reinberg und Susi Fuchs, erinnerte sich daran, dass sie einen Unterschied in ihren Leben machte – und, dass die beiden einen gewaltigen Unterschied in ihrem Leben machten – und sie sagte sich, dass es das Wert war. Dann klemmte sie sich die Tasche unter den Arm und rannte los.

St. Pauli ist wie ein schrilles Dorf inmitten einer Großstadt, in dem auch die verkrachtesten Gestalten ihren Platz und alle Absonderlichkeiten eine Daseinsberechtigung haben. Die einen meinen, Deutschlands größter Seehafen würde den Stadtteil seit über achthundert Jahren mit einer regelmäßigen Frischzellenkur versorgen. Wieder andere behaupten, wer erst dort gelandet sei, hätte nichts mehr zu erwarten vom Leben. Vielleicht ist beides richtig, und sicher bleibt auch Vieles unbeachtet, wenn man es so betrachtet. Wer jedoch am Hafen lebt, wer tagtäglich mit den verschiedensten Lebensentwürfen, mit Armut, mit Krankheit und Hedonismus konfrontiert ist, hat womöglich ein anderes Verständnis vom Umgang mit den Menschen als jene, die in ihren Enklaven stets unter sich bleiben. Wenn eine Person der stetigen Konfrontation mit dem Fremden ausgesetzt ist, entwickelt sie leichter einen toleranten Blick. Zu Beginn jeder neuen Woche muss sich das Dorf erholen, von den Horden von Schaulustigen und Vergnügungssüchtigen, die am Wochenende über es hereinbrechen, die seine Existenz gleichzeitig sichern und gefährden, wenn sie im Schillern der Leuchtreklamen das große oder kleine Abenteuer suchen. Bei Tageslicht besehen ließe sich Vieles dort als grau und hässlich abtun, als trostlos, aber der erste Eindruck täuscht. Es leben Menschen im Viertel. Und sie leben miteinander und nebeneinanderher, verwoben, wenn man so will, wie Pilzmycel. Es findet sich durchaus Schönes für jene, die zu schauen imstande sind.

Ronja war so eine.

Aber heute hatte sie keinen Blick für liebevoll gestaltete Nischen und freundliche Blicke. Angespannt wich sie den Resten von Erbrochenem aus, die auf dem Gehweg verteilt waren, und auch auf jedem zweiten Treppenaufgang. Der Tag war inzwischen auch hier schon angekommen. Menschen verkauften ihre Körper, Drogen, Hehlerware und Diebesgut, aber auch Gemüse, frische Brötchen, Tageszeitungen und Getränke. Eckkneipen waren hier noch mehr als anderswo wichtige Tagesstätten und Sozialstationen. Man half einander beim Umgang mit den Behörden oder bei den Einkäufen. Man scherzte im Vorbeigehen miteinander, man ließ sich sein, wie man war, und machte keinerlei Aufhebens darum.

In dem verfluchten Dorf, in dem Ronja ins Leben geworfen worden war, hatte es nichts dergleichen gegeben. Nur getuschelte Mutmaßungen hinter vorgehaltener Hand, diabolische Frömmigkeit und Missgunst. Alle hatten genau gewusst, in welcher Hölle Ronja und ihre Mutter lebten, niemand hatte jemals Hilfe angeboten.

Susis neue Wohnung lag im ersten Stock eines Neubaus, worauf sie sehr stolz war. Es gab sogar einen Fahrstuhl, der es ihr ermöglichte, mit ihrem Rollator tägliche Besorgungsausflüge zu unternehmen. Susi war ein Kind vom Lande, genau wie Ronja. Vielleicht war es das, was sie miteinander verband. Das, und die Tatsache, dass sie dort nicht hatten bleiben können.

Ronja stellte ihr Fahrrad vor dem Hauseingang ab und musste plötzlich an das Foto in Susis Flur denken – darauf war Susi noch Klaus gewesen. Unvorstellbar, wenn man sie heute kannte.

Im Laufe ihrer Karriere hatte sie als erste trans Frau in einem der Fenster in der Herbertstraße gearbeitet, hatte diverse explizite Filme produziert, hatte Pelze und Autos gekauft und wieder verschenkt, und den Gegenwert einer Villa in Koks investiert. Inzwischen lebte sie von der Sozialhilfe, war HIV-positiv und litt unter Multipler Sklerose. Trotz allem hatte Ronja noch nie eine Klage aus Susis Mund gehört. Stattdessen sang sie ständig »*je ne regrette rien*«, und klang dabei wie die Reinkarnation von Édith Piaf.

Hoffnungsvoll stieg Ronja die Stufen zu Susis Wohnung hinauf. Es tat immer gut, herzukommen. Nirgendwo sonst konnte Ronja ihre Gedanken besser sortieren.

»Guten Morgen, Susi«, rief Ronja beim Hereinkommen.

Sie ließ den Schlüssel auf den Tisch fallen und stellte die Tasche im Flur ab.

»Guten Morgen, Herzchen«, rief Susi und schüttelte den Kopf, als sie Ronja sah. »Ach ne, wie siehst du denn bloß wieder aus, hm?«

»So, wie du mich kennst.«

Susi lachte und goss Ronja eine Tasse Kaffee ein. Eigentlich bestand Ronjas Aufgabe vor allem darin, Susi im Haushalt zur Hand zu gehen. Dafür hatte das Amt immerhin satte drei Stunden an drei Tagen die Woche bewilligt. Den Großteil ihrer gemeinsamen Zeit verbrachten sie allerdings damit, sich inmitten von Bücherstapeln und Federboas von den Herausforderungen ihres alltäglichen Lebens zu erzählen, oder auf dem Kiez herumzuschlendern. Es war selten, dass Susi vom Frühdienst versorgt wurde, aber heute benötigte sie Hilfe beim Duschen, weil sie für Arzttermine immer frisch sein wollte.

»Nein, im Ernst, Ronja. Du siehst entsetzlich aus. Was ist los?«

Susis geduldiger Blick breitete sich wie ein weicher Teppich vor Ronja aus. Ihr war, als könnte sie die Splitterstücke ihres entgleisten Lebens darauf ausbreiten, sie dort von allen Seiten betrachten, als könnte sie mit Susis Hilfe einfach um die Scham herumatmen, und dahinter die Worte finden, mit denen sie über das Geschehene sprechen würde. Schließlich war Susi der lebende Beweis dafür, dass man mit allem umzugehen lernen konnte.

»Du hast recht«, sagte Ronja, »es geht mir wirklich nicht gut. Ich glaube, ich versinke im Chaos, auch diese polyamoren Experimente und so ... Ich komme überhaupt nicht mehr klar damit. Dabei war eigentlich gerade noch alles ganz okay.« Ronja wusste selbst nicht, warum sie jetzt abbog auf dieses Nebengleis, das doch überhaupt nicht das war, worüber sie eigentlich sprechen wollte. Es geschah, ohne ihr Zutun.

Susi stellte ihren Kaffeebecher mit einer eleganten Handbewegung auf dem Glastisch ab und schürzte die Lippen. Sie sah Ronja bloß an und sagte lange nichts, während das Ticken der staubigen Plastikwanduhr sich durch Ronjas Kopf fraß.

»Du weißt schon, dass Polyamorie mit Liebe zu tun hat, oder?«, fragte Susi.

»Ja, natürlich weiß ich das! Ich könnte nie mit jemandem etwas haben, für den ich nicht so etwas wie eine universelle Liebe empfinde.«

Susi lachte laut auf.

»Eine was?«

»Na, wenn ich jemanden unglaublich liebenswert finde, für die Art wie die Person eben ist.«

»So ein Quatsch!« Susi lehnte sich schnaufend zurück, legte die ausgebreiteten Arme auf der Sofalehne ab und starrte Ronja ungläubig an.

»Was?«, fragte Ronja genervt und schlürfte, etwas lauter als gebührlich, an ihrem Kaffee.

»Wovon du da sprichst, das nenne ich bestenfalls Sympathie,

keine Amorie, ma Chérie! In der Liebe öffnet sich die Seele! Sie öffnet sich und wird verwundbar. Und diese Verwundbarkeit machen wir einander zum Geschenk, wir fühlen uns beschenkt, wenn wir den anderen wirklich spüren können. Dann lieben wir. So simpel ist das. Und dann ist es egal, ob zwei Menschen beteiligt sind, oder drei oder sieben. Hauptsache ist, es gibt diese Berührbarkeit hier drinnen.« Susi beugte sich zu Ronja herüber und klopfte ihr mit dem Zeigefinger nachdrücklich auf das Brustbein, wo ihr Finger ein schmerzhaftes Pochen hinterließ. »Alles andere ist nur Sex!«

Ronja starrte gekränkt auf ihre Hände, die die Porzellantasse umklammerten. Der verdammte Sarkophag – da war er wieder und in diesem Moment schien er massiver als je zuvor. Und Susi war auf der anderen Seite des Betons, so unerreichbar wie noch nie. Es war ein sehr altes Gefühl, das begriff Ronja mit einem Mal. Eines, dass der Horror in der einen Nacht mit Torben nicht erzeugt, sondern reaktiviert – aufgeweckt – hatte. Ronja fühlte sich ohnmächtig, wie ausgeliefert. Am liebsten wäre sie weggerannt, aber sie konnte sich nicht rühren.

»Ronja, ich bin auf deiner Seite, ja?«

Susi legte ihre Hand auf Ronjas Knie. Ein kleiner Trost kroch zu ihr herüber. Der ließ den Fluchtreflex schwächer werden, den Zorn leiser. Ronja dachte, dass sie immerzu von Liebe sprach, aber in Wahrheit nicht einmal wusste, was das überhaupt war. *Eine Öffnung der Seele,* echote Susis Stimme hinter ihrer Stirn und berührte eine Sehnsucht, die Ronja schon ihr ganzes Leben lang kannte.

Plötzlich musste sie an Juri denken, hatte seine samtige Stimme im Ohr, wie sie ihren Namen aussprach. Sie fühlte wieder den eigentümlichen Sog, der von Juri ausgegangen war, dann so etwas wie bange Hoffnung, einen Herzschlag, der im Hals pulsierte. Sie griff nach Susis Hand.

»Glaubst du an Schicksal?«, fragte Ronja.

»Inwiefern?«

»Ich habe gestern einen Mann kennengelernt. Seltsam, dass wir gerade heute darauf kommen. Ich hätte es natürlich nie so beschrieben, aber wenn ich jetzt darüber nachdenke … Vielleicht war es wirklich so, als hätte sich etwas in mir geöffnet. Wir haben einander berührt und plötzlich war da was. Etwas Neues. Aber ob es meine Seele war, kann ich nicht sagen. Ich bin mir ja nicht einmal sicher, ob es so etwas überhaupt gibt.«

»Was hast du gemocht an ihm?«, fragte Susi.

Ronja schloss die Augen und versuchte, sich den Moment noch einmal herzuholen. Juris Stimme, die höfliche Zurückhaltung, mit der er ihr begegnet war. Sie hatte sich so schnell sicher gefühlt mit ihm. Oder mit der ihr nur allzu vertrauten Melancholie, die sich in seinem Blick gespiegelt fand. Er hatte sicher auch schon viel erlebt. Glückliche Menschen schauen einen nicht auf diese Weise an.

»Er wirkt seltsam aufgeräumt«, sagte sie, »auf eine traurige Weise. Er ist freundlich und vertrauenswürdig. Und dann gibt es da noch etwas, das ich nicht beschreiben kann. Wie eine Art natürlicher Verbundenheit, oder so.«

Ronja dachte an die rankenden Pflanzen, und Susi lächelte.

»Wirst du ihn wiedersehen?«

Am liebsten hätte Ronja ihr die ganze Geschichte erzählt, aber das war unmöglich. Dadurch würde sie Susi bloß in die ganze Sache mit reinziehen.

»Ja«, sagte sie nur.

»Dann ist ja gut«, antwortete Susi.

6

Schon abgefahren, dachte Ronja, wie viel Beziehung sich nur in der Fantasie entwickelt. Sie hatte Juri bloß einmal gesehen, aber seit dem Gespräch mit Susi am Morgen dachte sie immerzu an ihn. Sie lud ihn förmlich mit Bedeutung auf. Der Wind strich sanft über ihre Arme und es kam ihr vor, als wäre es Juri, der die Gänsehaut auslöste. Ronja wich einem anderen Radfahrer aus, roch dessen frischen Schweiß und stellte sich vor, der Geruch würde zu Juri gehören.

»He! Pass doch auf!«, schrie jemand von vorn.

Ronja sah die Frau zu spät, riss einen Fuß von der Pedale und kam schlingernd zum Stehen. Mit von dem Schrecken weich gewordenen Knien schob sie das Rad zum Fahrradständer des Krankenhausgeländes.

Ronja erkannte Juri schon von Weitem.

Er sah ganz anders aus als eben in ihrem Kopf. Sie hatte ihn größer in Erinnerung. Juri stand am Rand des weitläufigen Parks, der das Klinikum umgab. Seine Hände steckten tief in den Hosentaschen. Er hatte den Kopf gesenkt, aber dann blickte er auf und kam Ronja lächelnd entgegen. Juris Bewegungen waren fahrig und machten Ronja noch nervöser. Plötzlich war sie befangen. Es reichte für nicht mehr als eine hölzerne Umarmung und ein verkrampftes Lächeln zur Begrüßung. Aber das war ja auch kein Wunder, schließlich hatten sie sich hier nicht für ein Date, sondern für das Begehen einer gemeinsamen Straftat verabredet.

Der Tag war sonnig und warm. Ronja und Juri lehnten sich

an den rostigen Handlauf der Treppe zum Haupteingang. Juri reichte Ronja eine Zigarette und gab ihr Feuer. Menschen kamen und gingen. Ronja heftete ihren Blick an die Vorbeigehenden. Schrumpelige Knie, die unter Krankenhaushemdchen hervorlugten, Morgenmäntel in den absonderlichsten Farbkombinationen, Rollstühle, Krücken, dazwischen Kinder, Hunde, Großfamilien und Paare mit verklärtem Blick und winzigen Bündeln frischer Menschlein in den Armen. In Decken eingewickelt sahen sie wie dicke Maden aus.

»Wie machen wir's?«, fragte Ronja, als der Filter zwischen ihren Fingern schon unheilvoll zu glühen begann.

»Am besten ist, du lenkst die Schwester ab, sobald ich bei Helen bin«, sagte Juri. »Die haben kaum Personal auf der Station. Es gibt einen Türöffner im Schwesternzimmer und die Angestellten haben jeweils eine Karte, um die Tür zu öffnen. Darum kümmere ich mich. Ich sorge auch dafür, dass du reinkommst, und wenn ich mit Helen aus dem Zimmer komme, musst du eine richtige Show machen. Kriegst du das hin?«

»Das klappt nie!«, sagte Ronja.

»Hast du eine bessere Idee?«

Nein, natürlich hatte sie keine bessere Idee, und eigentlich wollte Ronja das hier überhaupt nicht tun, aber dann dachte sie an Helens Gesicht und das Buttermesser. Sie hatte sowieso schon viel zu viel Zeit zum Nachdenken gehabt, und inzwischen war sie sicher, dass Helen alles zuzutrauen war. Vielleicht war sie ja auch schon selbst getürmt.

»Machen wir es einfach so, wie du sagst.«

Juri lächelte unsicher, dann zog er eine Packung Kaugummis aus der Tasche und stopfte sie sich alle gleichzeitig in den Mund. Er hatte offenbar einiges zu tun, um die Streifen in eine bezwingbare Masse zu verwandeln. Konzentriert kauend griff er nach Ronjas Hand. Er zog sie prompt mit sich und schien ganz genau zu wissen, wohin es ging. Das war gut. Juri schob Ronja in den Aufzug und wählte das Stockwerk. Ein Mann und eine Frau standen ihnen gegenüber. Die Frau starrte Ronja misstrauisch an und Ronja hatte das Gefühl, dass man ihr ansah, dass sie im Begriff war, etwas Verbotenes zu tun. Es konnte natürlich auch daran liegen, dass sie beide schwarze Sonnenbrillen und Hoodies trugen, wegen der Überwachungskameras. Aber Ronja war sich da nicht sicher. Das Dröhnen der Mechanik im Schacht erschien ihr übermäßig laut, ebenso Juris Kauen und der Atem der beiden Fremden gegenüber. Ihr brach der Schweiß aus. Dann signalisierte ein weicher Ton endlich ihre Ankunft auf der gewählten Etage und sie traten schweigend in den Flur hinaus. Wie erwartet, war die Glastür zur gerontopsychiatrischen Station verschlossen. Juri betätigte den Klingelknopf, Ronja versteckte sich auf dem Treppenabsatz, wo man sie von der Tür aus nicht sehen konnte.

Der Wandel, den Juri mit einem Mal vollzog, war atemberaubend. Als die Pflegerin kam, begrüßte er sie wie eine alte Freundin. Er scherzte über das Wetter, machte ihr ein Kompliment, nahm dabei unbemerkt seinen riesigen Kaugummi aus dem Mund und klebte ihn im Vorbeigehen in den Schließmechanismus der Tür. Hinter dem Rücken der Pflegerin zwinkerte er Ronja zu, dann ging er mit der lächelnden Frau den Flur hinab. Als die beiden in einem der Zimmer verschwunden waren, schlüpfte Ronja durch die Stationstür und versuchte, eine Ecke zu finden, in der sie sich fürs Erste verstecken konnte. Ronja erschrak, als ihr klar wurde, dass die Station nicht mehr war als ein langgezogener Korridor mit verschlossenen Türen. Sie geriet in Panik. Hier gab es keine Nischen, nicht einmal Zimmerpflanzen, hinter denen sie sich hätte verbergen können.

»Was machen Sie denn da?«, hörte Ronja eine strenge Frauenstimme fragen. »Wie sind sie hier hereingekommen?«

Verdammt! Ronja hatte das Gefühl, als stürze sie in sich selbst hinein. Der Schrecken war so leiblich, dass sie nach Luft schnappte, aber sie drehte sich dennoch tapfer und sehr, sehr langsam um.

»Wie bitte?«, fragte Ronja knapp.

»Wie sie hier hereingekommen sind, habe ich gefragt«, wiederholte die Frau, die eben noch mit Juri so freundlich gewesen war, inzwischen äußerst verärgert.

»Oh, also … die Tür war offen. Wie hätte ich denn sonst …« Sie fuchtelte unbeholfen mit den Armen in der Luft herum. Einige Meter hinter den breiten Schultern der Frau, die Ronja skeptisch musterte, schlichen Juri und Helen zur Stationstür. Helen zog das Wägelchen mit dem medizinischen Sauerstoff hinter sich her. Juri nickte Ronja zu. Sie musste noch etwas Zeit schinden, damit die beiden im Aufzug verschwinden konnten, bevor die Pflegerin sich umdrehte.

»Also, das ist doch wirklich eine Unverschämtheit!«, schimpfte Ronja los. Ihr Gegenüber zuckte unwillkürlich zusammen und trat einen Schritt zurück, aber Ronja wurde sogar noch lauter: »Die Beschilderung in diesem verfluchten Krankenhaus ist unter aller Sau! Wissen Sie, meine Freundin bekommt vielleicht gerade in diesem Moment ihr erstes Kind, mutterseelenallein, und Sie diskutieren mit mir über offene oder geschlossene Türen!« Hinter dem Rücken der Frau schloss sich langsam die Glastür. Ronja sah bloß noch einen Zipfel von Helens Nachthemd, dann war auch der fort. Es kostete sie einige Mühe, nicht hysterisch loszulachen. Sie hatte keine Ahnung, woher die Geschichte mit der schwangeren Freundin plötzlich gekommen war.

»Also, ich kann ja verstehen, dass Sie das ärgert«, sagte Ronjas Gegenüber beschwichtigend, drehte sich herum und deutete auf die Tür. »Da vorn geht es zur Entbindungsstation. Kommen Sie, ich zeige Ihnen den Weg.«

Ronja nickte besänftigt und folgte ihr viel langsamer, als es der Dringlichkeit der eben geschilderten Problematik entsprach. Aber die Frau schien diese Diskrepanz nicht einmal zu bemerken. Wahrscheinlich war sie froh, dass die völlige Eskalation auf ihrer Station noch abwendbar schien.

Ronja verzichtete auf den Aufzug und flog im Treppenhaus förmlich die fleckigen Stufen hinunter. Sie konnte kaum atmen, so heftig pochte das Blut gegen die Wände ihrer Halsschlagader und ihr Brustkorb gehörte ganz den stakkatoartigen Trommelschlägen ihres Herzens. Als Ronja das Stufenkarussell des Treppenhauses endlich hinter sich gebracht hatte, rannte sie zum Haupteingang. Weiter vorn, beinahe schon an der Straße, sah sie Juri und Helen, die in einen Mantel gehüllt war, den Juri bei sich getragen hatte. Vor Freude und Erleichterung hätte Ronja am liebsten laut gejubelt, aber dafür fehlte ihr die Luft.

Dann tat es einen gewaltigen Schlag.

»Fräuleinchen?«, fragte eine fremde Stimme. »Ist alles in Ordnung mit Ihnen?« Ein verhutzeltes Schildkrötengesicht starrte Ronja an. Beinahe berührte die Nase des Mannes ihre eigene, deshalb tastete Ronja nach dem, was sie für die Schultern ihres Gegenübers hielt, und schob es von sich weg. Sie richtete sich langsam auf und fand sich umringt von seltsamen Gestalten, die sie besorgt musterten. Das Schildkrötengesicht hob entschuldigend die Schultern und sagte: »Glastür.«

»Oh.« Ronja begriff: Sie war wie ein Spatz gegen die Scheibe gedonnert. Ihre Hand ertastete die Stelle, an der ihre Stirn aufgeplatzt war. Ein warmes Rinnsal lief über die Augenbraue.

Zwei Stunden später saß Ronja auf dem bequemen Sofa in Juris geräumiger Altbauwohnung. Vorsichtig legte sie den Eisbeutel wieder auf ihre frisch verklebte Stirn und betrachtete Helens zufriedenes Gesicht.

Ab jetzt war alles anders.

»Ich habe gewusst, dass du mich nicht hängen lässt!«, sagte Helen leise. Ihr Gesicht war fahl und eingefallen. Der Schlauch der Sauerstoffmaske, der über ihren Ohren hing und die Luft mit einem zarten Zischen in ihre Nase blies, zitterte.

»War das ganze Drama wirklich nötig?«, fragte Ronja bitter.

»Aber ja. Ich hätte da drinnen nicht bleiben können. Eher hätte ich …«

»Nicht das, Helen!«, schimpfte Ronja. »Die Nummer mit dem Glas und mit der Fensterbank! Was hast du dir dabei gedacht?«

»Es war … Es war ein schwacher Moment, was soll ich sagen? Stolz bin ich darauf nicht.« Helen nahm die Maske vom Gesicht und schlurfte zum Fenster. Sie stand bloß da, die Arme verschränkt, ihre Finger fest in die dürren Oberarme verkrallt. Wie zerbrechlich ihre raue Schale in Wirklichkeit war.

»Wir suchen die Katze noch«, sagte Ronja, weil ihr einfach nichts Besseres einfallen wollte.

»Danke«, erwiderte Helen knapp. »Da drüben haben sie damals Hitler verbrannt. Wusstest du das?« Sie deutete auf den Innenhof, in dem sich Müllsäcke und Fahrradleichen stapelten.

»Was?«, fragte Ronja.

»Also nicht den Echten«, sagte Helen, »eine Strohpuppe natürlich. Auf St. Pauli gab es jede Menge Widerstand! Manchmal marschierten die Gefangenen auch an der Budapester vorbei, denen haben wir dann versucht, beschmierte Brote zuzustecken.«

»Krass. Das wusste ich nicht.« Ronja stellte sich den brennenden Hitler vor. Den echten natürlich, nicht die Strohpuppe. Und ihren Nazi-Urgroßvater stellte sie in Gedanken gleich daneben. Ohne ihn hätte aus ihrem Vater vielleicht ein ganz anderer Mensch werden können.

Juri kam herein, ein Tablett mit Tee und Keksen in den Händen. Er passte gut hierher, auf das abgelaufene Parkett, zu den Stuckdecken und dem vielen Raum. Seine Bewegungen hatten noch immer etwas Fahriges, aber das störte Ronja nicht. Juri stellte das Tablett auf dem Tisch ab, verteilte die Tassen und legte sogar auf jede Untertasse einen Teelöffel. Der Deckel der Kandiszuckerdose klapperte in seinen zittrigen Fingern. Helen setzte sich wieder, betrachtete nachdenklich ihren Enkel, legte ihre Hand auf der seinen ab und drückte sie zärtlich.

»Danke«, flüsterte sie.

Juri nickte nur.

Sie tranken den Tee und schwiegen sich an. Nach einer Weile stand Juri auf und bot Helen wie selbstverständlich seinen Arm an. Sie waren miteinander vertraut, das war offensichtlich. Ronja fragte sich, was wohl geschehen sein mochte, dass Helen in all den Jahren niemals von Juri gesprochen hatte. Am Nachmittag legte Helen sich für gewöhnlich etwas hin, und Ronja fand es süß, dass Juri sie in ihr neues Zimmer begleitete. Aber auch in diesem Zimmer musste es ein Fenster geben! Schnell warf Ronja Juri einen alarmierten Blick zu, aber Juri schüttelte nur den Kopf und deutete mit dem Kinn auf ein Schälchen, das auf einem Sideboard neben der Zimmertür stand. Darin lag ein Haufen kleiner Schlüssel. Es wirkte, als wüsste er, was er tat.

Mit einem Mal dachte Ronja, dass vermutlich ohnehin gerade keine Gefahr für Helen bestand, sofern sie sich mit ihnen frei und sicher fühlte. Helen fürchtete sich davor, dem Willen fremder Menschen ausgeliefert zu sein. Während des Krieges war sie wegen irgendwelcher Gründe ins Gefängnis in Fuhlsbüttel gekommen, wo man versäumte, sie nach der abgebüßten Strafe wieder freizulassen. Es dauerte mehrere Wochen, bis sie sich traute nachzufragen, und der Irrtum schließlich erkannt wurde. Helen erzählte zwar nichts Genaueres, aber das musste sie auch gar nicht. Ronja erkannte auch so, welche Narben dieses Erlebnis zurückgelassen hatte. Eingesperrt zu sein, nicht selbst entscheiden zu können, das war für Helen der unerträglichste aller Zustände. Den kannte sie bereits aus ihrer Kindheit. Und Ronja kannte ihn ebenfalls.

Ronja streckte sich auf dem Sofa aus und schloss die Augen. Die letzten Stunden flogen hinter ihrer Stirn vorbei. Bilder aus dem Krankenhaus vermischten sich mit Szenen aus Actionthrillern, die sie irgendwann einmal gesehen hatte. Dabei war die ganze Sache so unspektakulär abgelaufen, dass Ronja ihre Angst von vorhin beinahe albern vorkam. Aber es war ja auch noch nicht vorbei, das durfte sie nicht vergessen. Der wirkliche Ärger lag noch vor ihnen.

»Na?« Juris Stimme vibrierte nah an Ronjas Ohr.

»Na?«, erwiderte sie und öffnete die Augen, wobei die kleine Platzwunde auf ihrer Stirn unangenehm zwickte.

Ronja setzte sich auf. Juri hockte auf dem Boden vor der Couch. Er nahm Ronjas Hand in seine und fuhr vorsichtig mit dem Daumen über ihren Handrücken. Die sanfte Berührung schickte einen Schauer über ihre Haut, sich kreisförmig ausbreitend, wie Wellen, die ein hineingeworfener Kiesel in die glatte Oberfläche eines Gewässers zeichnet.

»Dass du das mitgemacht hast, das …«, flüsterte Juri, unterbrach sich dann aber selbst und sagte stattdessen: »Und tut mir leid, wegen deiner Stirn.« Er blickte Ronja fest in die Augen.

Ronja nickte nur und betrachtete Juris Gesicht. Der Raum um sie herum schien sich langsam aufzulösen, die Geräusche, die von draußen hereindrangen, verstummten. Ronja konnte nur noch ihrer beider Atem hören.

Sie waren so viel mehr als zwei Fremde auf der Suche nach einer schnellen Nummer, dachte Ronja da, sie waren wie zwei Stoffe die, den Naturgesetzen unterworfen, zueinander strebten. Oder nein: Vielmehr waren sie wie Tiere mit feinsten Sinnen, die einander vorsichtig umkreisten.

Mit einem Mal sehnte Ronja sich danach, Juris schöne Lippen zu berühren, die immer ein wenig offenstanden und den Blick auf die Schneidezähne freigaben. Sie wollte mit den Fingern, nein, mit der Zungenspitze darüberfahren, wollte unbedingt davon kosten. Langsam beugte sich Ronja zu Juri hinunter und küsste ihn. Juri erstarrte für einen Augenblick, dann gab er nach. Sein leises Seufzen sank in Ronja ein, als wollte es etwas aufschmelzen. Es weckte das Lebendige in ihr und flüsterte ihr köstliche Vorahnungen ins Ohr.

Juri zog Ronja zu sich auf den Boden.

Dann hielt sie nichts mehr.

Sie verloren Kleidungsstücke und die Vernunft, irgendwo zwischen feuchten Spalten, zwischen schwitzender Haut und schweren Atemzügen. Es gab nichts mehr, außer dem Zupacken entfesselter Hände und dem Eintauchen in das Neue, das völlig Unbekannte, verheißungsvoll und wild.

»Ronja«, flüsterte Juri irgendwann, und Ronja kam. Sie spürte Mauern einstürzen und Tränen fließen. Sie spürte Juris warme Hände auf ihrem Bauch, die alles zu halten vermochten, was sie war. Sie ließ das Beben zu, das sie erschütterte.

Als sie endlich, endlich ganz zueinanderfanden, schienen sie sich zu einem einzigen Körper zu verbinden. Ihr gemeinsamer Rhythmus erzeugte einen Sog, der Ronja mit sich riss und sie in einem Strudel überwältigender Gefühle verschwinden ließ. Eine Weile pulsierte sie noch nach, dann glitt sie in einen weichen Dämmerzustand aus Atemholen und Nachspüren hinüber.

Sie sprachen lange kein Wort, sondern lagen schlicht da und sahen einander an. Es war so leicht, in Juris Blick auszuruhen. Als gäbe es keine ungeklärten Fragen zwischen ihnen, als wären sie nicht bloß zwei, die einander noch fremd waren, die einfach nur miteinander geschlafen hatten. Juri streichelte so zärtlich, dass es beinahe wehtat. Zwischendurch seufzte er auf und zog Ronja fester an sich, als hätte er Angst, sie könnte plötzlich verschwinden. Aber Ronja zweifelte nicht. Sie spürte auch keine Fluchtimpulse, denen sie sich hätte widersetzen müssen. Zum ersten Mal seit einer halben Ewigkeit zweifelte sie nicht daran, dass etwas gut war. Es fühlte sich auch nicht an, als würde sie Juri gerade erst kennenlernen, nein, es war vielmehr wie ein Wiederfinden – oder wie die Erfüllung jener Sehnsucht, die bis vor Kurzem noch so tief in ihr verborgen gewesen war.

Draußen dämmerte bereits der Abend. Ronjas Blick strich über die floralen Elemente des Deckenstucks und blieb doch nirgends hängen. Sie wühlte mit beiden Händen durch Juris Haare, sein Kopf ruhte auf ihrer Brust. Die Beine hatte sie um seine Hüften geschlungen, und die Wärme, die von seinem Körper ausging, machte sie mit einem Mal melancholisch.

»Lasst euch nicht stören«, sagte Helen schnippisch, schlurfte zum Couchtisch, beugte sich langsam hinunter und nahm sich einen Keks.

Juri sprang auf, begriff im selben Moment, dass er nackt war, schrie hell auf und bedeckte sich, so gut es eben ging, mit einem Knäuel Kleidungsstücke.

Ronja presste die Schenkel zusammen und verschränkte die Arme vor der Brust.

»Kein Problem, Helen«, sagte sie trocken. »Privatsphäre ist ohnehin überwertet.« Dabei angelte sie mit einem Fuß nach dem, was sie für ihre Unterwäsche hielt.

»Privatsphäre? Ihr seid mitten im Wohnzimmer! Auf dem Boden!« Damit drehte sie sich um und wankte aus dem Zimmer, als wäre nichts geschehen.

Ronja sah zu Juri hinüber. Ihre erschrockenen Blicke trafen sich und beide lachten los. Sie zogen sich lachend an, lachend richteten sie die Sofakissen und als sie einander endlich wieder in die Arme schlossen, lachten sie noch immer. Tränen flossen, Nasen liefen, und für einen köstlichen Moment dachte Ronja, dass sie jetzt und hier ganz spontan verrückt werden würden und fortan für nichts, was sie taten, zur Rechenschaft gezogen werden konnten.

Dann erlosch ihr Lachen. Sicher hatte man Helens Verschwinden in der Klinik längst bemerkt. Es war nur eine Frage der Zeit, bis die Anrufe kämen. Juri würde man sicher als Ersten kontaktieren, aber Ronja rechnete fest damit, dass Torben sie anrufen würde, sobald der Pflegedienst von der Sache erfuhr. Und Ronja hatte keine Ahnung, wie sie es anstellen sollte, sich bei der Arbeit nichts anmerken zu lassen.

Sie könnte natürlich einfach keinen von Torbens Anrufen annehmen, aber das wäre zum einen erst recht auffällig und zum anderen kaum über längere Zeit durchzuhalten – schließlich war er ihr Chef. Nein, es half alles nichts: Sie mussten alle beide ihre Rollen überzeugend spielen und durften sich keine Unregelmäßigkeiten leisten. Leider war ihr Pokerface miserabel. Ronja sah sich schon beim Verhör in der Polizeiwache sitzen und sich mit jedem Satz tiefer in den Schlamassel hineinreiten.

»Was ist?«, fragte Juri, der anscheinend in Ronjas Gesicht lesen konnte wie in einem offenen Buch. Er kam auf sie zu und legte eine Hand an ihre Wange. Schon wieder eine Wangenberührung, dachte Ronja.

»Ich weiß nicht, wie es von hier an weitergehen soll«, sagte sie leise.

»Mit uns meinst du?«

»Mit Helen meine ich!«

»Ach so, natürlich, ja. Helen bleibt eine Weile hier. Ich habe schon mit ihr gesprochen und sie hat mir versichert, dass sie bis auf Weiteres keine weiteren Katastrophen plant. Außerdem bräuchte sie schon Hilfe, um das Treppenhaus zu bezwingen, und ich habe alle Schlüssel von den Fenstern abgezogen. Alles in allem ist sie hier also sicher und ich denke auch, dass hier niemand nach ihr suchen wird.«

»Woher willst du das wissen?«

»Ich weiß es eben.«

Ronja schüttelte entschieden den Kopf. »Beim einzigen Verwandten würde ich zuallererst nachsehen!«

Juri lächelte und strich sich über den Kopf.

»Ich bin doch überhaupt nicht verdächtig«, sagte er. »Wer würde schon denken, dass ein Typ wie ich seine eigene Oma entführt? Ich werde die Rolle des genervt-besorgten Enkels sicher ganz gut hinbekommen.«

Juri zog Ronja zu sich heran und nahm sie fest in die Arme. Ronja inhalierte den Duft in seiner Halsbeuge. Hier, in diesem Moment, in dieser Position, in dieser Wohnung, fühlte es sich beinahe an, als ließe sich die Welt da draußen aussperren, als flösse die Zeit einfach drumherum, als läge sie wie eine Insel inmitten aller Herausforderungen.

»Wie kannst du dir eigentlich so eine Wohnung leisten?«, fragte Ronja. »Bist du reich, oder so was?«

Juri lachte.

»Ich bin nicht reich. Glückliche Umstände, würde ich sagen.« Juri zuckte mit den Schultern, ließ Ronja los und schnappte sich das Tablett mit den Teetassen und Keksresten. Dann zwinkerte er Ronja zu und trug alles in die Küche.

Wirklich zufriedenstellend war seine Antwort nicht, aber zumindest fühlte Ronja sich etwas beruhigter.

»Meinst du, Helen kommt hier klar?«, fragte sie, als Juri wiederkam. »Während Judith irgendwo draußen umherstreunt und womöglich vor ein Auto läuft?«

»Das hoffe ich«, antwortete Juri. »Vielleicht finde ich die Katze ja auch bald. Die Welt ist eben ein zerbrechliches Ding, man weiß nie, welcher Scherbenhaufen als nächstes zusammengesetzt werden will. Das sagt Helen doch sonst auch immer, wenn irgendetwas Schlimmes passiert.«

»Als ob so etwas existieren würde: die Welt«, sagte Ronja bitter.

Juri warf Ronja einen irritierten Blick zu.

»Wenn ich Welt sage, dann meine ich etwas völlig anderes als du. *Die* Welt gibt es nicht, wir haben alle unsere eigenen Welten. Und du hast keine Ahnung von meiner Welt! Bei mir gibt es nichts als Scherben, nichts, was sich wieder zusammensetzen ließe, ich mache immer alles kaputt!« Ronja war plötzlich heiß. Warum musste sie ausgerechnet jetzt einen Streit vom Zaun brechen?

»So habe ich das noch nie gesehen«, sagte Juri. »Und ich glaube nicht, dass du immer alles kaputt machst. Aber diese vielen Welten, vielleicht sind die ja der Grund dafür, dass wir alle so einsam sind.«

»Ich bin nicht einsam«, murmelte Ronja finster und konnte nichts dagegen tun, dass sie sich mehr und mehr verschloss.

Juri legte einen Arm um ihre Schulter.

»Gut zu wissen«, flüsterte er.

7

Das Zissele war seit ihrem Kennenlernen keinen Schritt von Judys Seite gewichen, bis jetzt. Jetzt miaute es an der Tür und wollte hinaus, und obwohl Judy vermutete, dass das arme Ding nur seine Notdurft verrichten wollte, konnte sie doch nicht umhin sich zu wünschen, die Katze würde bleiben. Was also, wenn sie einfach so wieder verschwand? Andererseits hatte sie auch nichts im Haus, was als Katzentoilette hätte dienen können. Und die Milch, die sie ihr am Abend hingestellt hatte, hatte sie auch nicht angerührt.

Die Katze miaute kläglicher.

Judy öffnete ihr die Tür, aber es tat weh im Herzen, viel mehr, als es sollte. Judy zog sich die Straßenschuhe an und folgte dem Zissele nach draußen. Es war immer schlimm, nach draußen zu gehen, aber in den letzten Wochen war es immer noch schlimmer geworden. Etwas übermannte sie, sobald sie die Türschwelle übertrat, sie wusste auch nicht, wie das gekommen war. Dabei hätte doch mit der Rückkehr nach St. Pauli, der Gegend ihrer frühen Kindheit, alles gut werden sollen.

Die Katze hockte im Gebüsch, dann scharrte sie energisch mit den Vorderkrallen auf dem trockenen Boden herum. Sie drehte sich noch einmal im Kreis, dann kam sie erhobenen Schwanzes zu Judy zurückgelaufen.

Wieder miaute sie.

»Ja, meine Liebe, du bist sicher hungrig, nicht wahr?«

Judy überlegte, ob heute wohl einer von den Tagen war, an denen man es wagen konnte, zum Penny an der Ecke zu gehen.

Sie blickte hinüber zum Tor.

Dahinter herrschte viel Trubel, waren Autos und Passanten, war Lärm.

Judy entschied, dass es heute nicht ging. Sie kehrte ins Haus zurück, wo die Katze schon auf dem Fußabtreter auf sie wartete, öffnete ihr aber nicht, sondern klingelte bei Frau Safi gegenüber.

»Einen Moment«, hörte man sie von drinnen rufen, »komme gerade aus der Dusche.«

Judy fingerte an dem Pflaster herum, das seit gestern an ihrem Daumen klebte, obwohl die Einstichstelle bestimmt längst verschlossen war. Dann öffnete die Nachbarin, in einen seidenen Morgenmantel gehüllt und mit Handtuchturban auf dem Kopf.

»Frau Schmidt, wie kann ich Ihnen helfen?«

»Mein Rücken, wissen Sie«, begann Judy, »heute ist es wieder ganz schlimm. Und dann ist mir auch noch eine Katze zugelaufen und ich habe weder Futter noch ein Katzenklo. Und da habe ich mich gefragt, ob Sie vielleicht noch mal für mich zum Penny gehen würden? Ich könnte Sie natürlich auch bezahlen.«

Die junge Frau warf einen Blick über Judys Schulter und rief: »Ach, hallo, du Süße! Na, das ist ja eine Sache!« Sie strahlte Judy an und schüttelte energisch den Kopf. »Ich will doch kein Geld von Ihnen! Natürlich gehe ich für Sie einkaufen, das mache ich gern! Allerdings bin ich ab heute Mittag für drei Wochen im Urlaub. Schreiben Sie mir einfach eine Liste, dann besorge ich alles.«

»Das ist lieb von Ihnen!«, sagte Judy. »Ich schreibe gleich etwas zusammen.«

Als sie kehrtmachte, hatte Judy Tränen in den Augen. Hinter ihr schloss sich die Tür, die ihr so oft schon Rettung gewesen war.

Drei Wochen.

Drei Wochen würde sie niemals überbrücken können, ganz gleich, wie viel sie auf die Liste setzte.

8

Susi und Ronja waren seit einer guten Stunde unterwegs zu ihrem Lieblingsplatz mit dem fantastischen Blick auf den Hafen. Allein hätte Ronja die Strecke von Susis Wohnung bis zur *Park Fiction* zu Fuß in einer Viertelstunde erreichen können, aber Susi ging es nie darum, Wege hinter sich zu bringen. Sie war der Weg. Susis favorisierte Strecke führte über sämtliche Seitenstraßen, durch einen kleinen Park und an schummrigen Eckkneipen vorbei, aus denen zu jeder Tageszeit der Duft von kaltem Rauch und Bier hervorquoll. Sie passierten die Clubs, in denen Susi früher aufgetreten war und die zu dieser Tageszeit gereinigt wurden, den Lottoladen, die Bäckerei, der Ronja oft für eines der köstlichen Franzbrötchen einen Besuch abstattete, und den Getränkehändler Peter, der eine echte Kiez-Größe war. Susi kannte beinahe jeden hier und hatte natürlich immer auch etwas Zeit für einen kurzen Schnack. Dann fragte sie, wie es mit dem Geschäft so liefe, oder der Familie, half beim Umgang mit unverständlichen Behördenbriefen, streichelte Hunde, verlor sich in den alten Geschichten von früher; und Ronja ertrug das alles geduldig. Es machte ihr sogar Freude zu sehen, wie Susi um Jahre verjüngt wirkte. Ronja mochte es, Susi in ihrem natürlichen Habitat zu beobachten. Sie gehörte hierher. Und vielleicht ging es im Leben eben genau darum: herauszufinden, wohin man wirklich gehörte. Und plötzlich dachte sie wieder an Juri. Nein, in Wahrheit dachte sie immerzu an ihn. Schon stellten sich die feinen Härchen auf ihrer Haut stramm, sogar die über Ronjas Oberlippe. Ronja war nicht zu

Hause gewesen, seit sie gestern bei Juri und Helen angekommen war. Sie war am Abend einfach in Juris Bett geschlüpft, als wäre es eine ganz alltägliche Sache. Dabei tat sie so etwas nie: Mit einem anderen Menschen im selben Bett schlafen. Sie hatte sich noch nicht einmal die Zähne geputzt und fragte sich, ob es möglich war, dass sie Juri noch immer schmeckte.

»Einen Kasten Astra für deine Gedanken!«, rief Costa, in dessen Laden Susi gerade ein paar kühle Getränke für das Treffen mit Dayo und Zoran besorgen wollte. Er schob sich grinsend aus der Tür hinaus und stieß Susi sanft mit dem Ellenbogen an. Beide lachten.

»Hm?«, machte Ronja.

Sie blickte von Costa zu Susi, die verschwörerisch lächelte. Ronja lächelte auch.

Sie mochte Costa. Er besorgte Susi stets alles, was sie so brauchte, und das zu jeder Tages- und Nachtzeit. Außerdem war er ein guter Freund von Zoran und inzwischen irgendwie auch ihrer. Niemand wusste so genau, wie er von dem kleinen Kiosk mit bestens sortierter Gemüseabteilung leben konnte, weil er alle armen Schlucker anschreiben ließ, obwohl klar war, dass sie ihre Schulden nie würden begleichen können. Es gab die abenteuerlichsten Gerüchte über die Quellen von Costas Nebeneinkünften, aber Ronja war das egal.

Costa zwinkerte Ronja zu, ließ es aber dabei bewenden und verstaute stattdessen vier Flaschen Pils im Transportnetz von Susis Rollator.

»Nicht alle auf einmal, ja?«, ermahnte er Susi lachend.

»Wofür hältst du mich?«, antwortete Susi in gespielter Empörung.

Beim Weitergehen kam es Ronja vor, als wäre sie Momo, die der Schildkröte Kassiopeia durch die Stadt folgt und dabei unendlich langsam gehen muss. Dabei fühlte es sich an, als hätte sie rennen müssen, kilometerweit, um all die angestaute Energie loszuwerden.

Als Ronja und Susi endlich bei dem kleinen Park angekommen waren, saßen Dayo und Zoran schon auf einer der geschwungenen Rasenflächen im Schatten zweier stählerner Palmen und hoben fragend die Schultern.

»Moin!«, rief Susi den beiden entgegen und holperte mit dem Rollator über die schiefen Gehwegplatten.

»Moin, ihr zwei!«, rief Zoran lachend. »Dass wir euch heute doch noch zu sehen kriegen!«

Dayo sprang auf, um Ronja mit einer satten Umarmung zu begrüßen. Ronja beugte sich zu Zoran hinunter, der sie mit einer geschickten Armbewegung auf seinen Schoß zog, sie für einen Moment dort festhielt und ihr mit den Fingern durch die Haare fuhr. Ronja schüttelte ihn ab und rutschte neben ihm ins Gras. Susi angelte eine Flasche Pils nach der anderen aus dem Netz und öffnete sie an der Steinkante der begrünten Sitzfläche.

»Auf Ronja!«, rief sie, als alle versorgt waren.

»Wieso auf mich?«, fragte Ronja.

»Heute schon in den Spiegel geschaut?« Susi hob theatralisch eine Augenbraue.

Zoran sah etwas irritiert aus, betrachtete Ronja eingehend, dann lächelte er verhalten.

»Erzähl!«, sagte er. »Die ganze Geschichte.«

Ronja kam sich albern vor, mit ihren großen Gefühlen für einen Fremden. Andererseits konnte sie in den Gesichtern der drei nichts als Zuwendung und Interesse finden. Und mit wem sonst sollte sie darüber sprechen? Und darüber sprechen wollte sie, wollte es sogar unbedingt.

Und dann fing sie einfach an. Sie erzählte von der ersten Begegnung mit Juri in Helens Wohnung, von der seltsamen Verbindung, die sie zu spüren glaubte, von Juris Duft, von der Wärme seiner Hände und der völlig anderen Ronja, die sie in seiner Wohnung, im Spiegel seiner Augen, gewesen war. Ronja erzählte auch davon, dass die guten Gefühle noch immer anhielten, dass sie sie alle drei heute etwas näher fühlte, intensiver. Ronja redete und redete, bis ihr nichts mehr einfiel, was sie noch hätte sagen wollen.

Sie sagte nicht, dass Juri sie davon überzeugt hatte, Helen zu entführen, auch wenn zumindest Dayo es schon wusste. Zoran und Susi brauchten nichts davon zu erfahren.

Am Ende schimmerten alle Augenwinkel feucht. Unbeholfen umarmten sie einander, hielten sich fest. Ein menschliches Knäuel, das sich aber schnell wieder auflöste. Als sie sich wieder sortiert hatten, saßen sie einfach da – verlegen – und tranken Bier.

»Du bist verliebt«, flüsterte Dayo irgendwann.

»Ja«, sagte Ronja, »ich glaube, du hast recht.«

Ronja ließ den Blick zum Hafen schweifen, wo die Kräne im Sonnenlicht glitzerten. Ein paar Möwen schrien um die Wette. Zwischen den Palmen spannte ein junges Pärchen eine Hängematte auf. Ein Obdachloser schlief eingerollt auf der Parkbank, daneben hatte jemand eine Bäckertüte und einen Kaffee abgestellt. Auf der Spielfläche fuhren ein paar Kinder mit Rollern herum. Zwei alte Frauen saßen Schulter an Schulter, pulten Sonnenblumenkerne aus der Schale, steckten die Kerne in den Mund und ließen die Schalen auf den Boden fallen, wo sie allmählich Häufchen bildeten.

»Ja, da hat man es mal wieder: Manchmal ist es keine Frage von Zeit, sondern eine von Zulassen.« Susi lehnte sich zu Ronja herüber und tätschelte ihr etwas unbeholfen das Knie. Susis Augen wurden wässrig und eine vage Traurigkeit umschattete ihre Mundwinkel.

»Und willst du gar nicht wissen, wo Juri gewesen ist, in all der Zeit? Du bist doch schon Jahre bei Helen.« Dayo hatte die Arme um die Knie geschlungen und das Kinn darauf abgelegt.

Ronja mochte es, wenn sie das tat, mochte, wie sich die Schatten unter ihren Wangenknochen dehnten, wenn sie den Kiefer vorschob, mochte die steile Falte, die sich zwischen Dayos Augenbrauen bildete, wenn sie konzentriert nachdachte, oder wenn sie einem skeptisch kam.

»Doch, natürlich«, sagte Ronja.

»Ich meine, am Ende ist er verheiratet oder so«, fuhr Dayo fort. »Oder er hat eine eigene Firma, wenn er sich so eine Wohnung leisten kann. Vielleicht ist er ein Workaholic!«

»Ja«, mischte sich Zoran ein. »Oder er musste untertauchen, weil er in krumme Geschäfte verwickelt ist. Kinderhandel oder so was«. Er lächelte, konnte aber nicht verbergen, dass er sich nicht halb so sehr für Ronja freute, wie sie es sich gewünscht hätte.

»Wahrscheinlich nur ein Auslandsstudium oder etwas Ähnliches. Es gibt bestimmt eine ganz einfache Erklärung dafür«, sagte Ronja. »Ich werde ihn später fragen und es euch dann umgehend mitteilen.«

Susi nahm einen weiteren Schluck aus der Flasche, rülpste leise, entschuldigte sich und fragte: »Also seht ihr euch heute schon wieder?«

»Ja.« Ronja genoss die Hitze auf den Wangen, obwohl ihr klar war, dass die anderen sie sehen konnten. Aber es war eben, was es war: ein gottverdammtes Wunder!

Doch unter dem Guten waberte finster das andere, das, was noch kommen musste: Torben. Die Polizei.

Ronja musste mit aller Kraft gegenhalten, musste jeden Gedanken an Furcht und Bedrohung bewusst wegblinzeln, wegatmen.

»Jetzt erzähl doch mal: Habt ihr es gemacht? Das mit Helen meine ich! – Und was ist mit Torben?«, flüsterte Dayo später Ronja ins Ohr, als Susi und Zoran sich gerade unterhielten. »Hast du da was klären können?«

»Nee, wegen Helen haben wir uns noch nicht entschieden«, log Ronja, »und mit Torben ist es ganz okay, gerade.«

Als Ronja wenige Stunden später wieder auf der Station ankam, stellte sie die Diensttasche zurück ins Fach und wich einer weiteren Begegnung mit Torben erfolgreich aus. Kurz überlegte sie, noch bei Zoran vorbeizuschauen und für die Länge eines Kaffees die Nestwärme ihrer alten WG zu genießen, aber sie hatte keine Lust auf Zorans Fragen. Sie wollte zu Hause sein, und das Glück überflutete sie einmal mehr beim Gedanken an diesen kleinen Flecken Land, der ihr gehörte, der von nun an ihr Zuhause war.

Ronja bahnte sich ihren Weg vorbei an Touristen, an lärmenden Kindern und sonstigen Flanierenden, die sich ebenfalls am Elbstrand aufhielten. Der Trubel störte sie nicht. Die Menschen störten sie nicht. Es war ihr egal, dass sie zwischendurch absteigen und schieben musste. Ronja badete förmlich in freundlichen Blicken und scherzte mit ein paar Kindern. Sie entschied sich unterwegs sogar für eine Pause und saß kurz darauf mit einer Portion Pommes im Sand.

Ein riesiges Containerschiff schob sich in den Hafen, flankiert von zwei winzigen Schleppern, die ihm beim Rangieren halfen. Durch Ronjas Gedanken schipperte weiterhin Juri. Seine Augen, seine Lippen, die Stimme, die noch immer in ihren Ohren nachhallte. Wie sie einander nichts hatten erklären müssen. Während sie mit Juri zusammen war, musste Ronja kaum einmal an Torben denken, oder an das, was ihnen beiden wegen Helen sicher noch blühte.

Man stelle sich vor, man könne mithilfe eines anderen Menschen alles vergessen. Alles. Sogar die Narben der Vergangenheit.

Ronja ließ sich nach hinten in den warmen Sand kippen. Der Wind wühlte ihr durch die Haare, und sie hielt Mund und Augen fest geschlossen, um den Sandkörnern das Eindringen zu erschweren. Das Stimmengewirr um sie herum erschien wie eine seltsame, unbekannte Sprache. Dazwischen kreischten Möwen, die vermutlich auch schon um die Reste ihres Mittagessens gestritten hatten.

Alles war perfekt.

Dann klingelte das Telefon. Ronja fingerte es erschrocken aus der Tasche und hob ab.

»Ja?«

»Ronja, Torben hier.«

Ronja schnappte nach Luft, nachdem Torben das Gespräch beendet hatte. Sie hatte das Atmen vergessen.

Schon morgen würde sie also nach der Schicht im Aufenthaltsraum der Station sitzen, um der Polizei Fragen über ihre Beziehung zu Helen zu beantworten. Torben würde dabei sein und sie anstarren. Dabei sollte sie eigentlich sofort Anzeige gegen ihn erstatten, wenn die Polizei schon einmal da war. Aber für Leute wie sie ging so etwas sowieso nie gut aus. Ihre Mutter war schließlich der beste Beweis dafür.

Ronja stand auf und stopfte das Handy zurück in ihre Tasche. Sie warf die Frittenschale in den Müll und stieg mit weichen Knien wieder aufs Rad.

Nach Hause.

Sie musste nach Hause.

Ronja hätte nicht sagen können, wie sie zum Garten zurückgekommen war, aber der Anblick ihrer Datsche trieb ihr augenblicklich Tränen in die Augen. Sie warf das Fahrrad achtlos ins Gras, dann zog sie sich aus. Das Wasser aus der Gartendusche war eiskalt, weil das Sonnenlicht hier, im Schatten der Bäume, nicht genug Kraft aufbrachte, um die schwarze Kunststoffblase auf dem Dach des Häuschens zu erwärmen. Die Kälte tat gut und weh. Ronja beeilte sich mit dem Einseifen, wusch sich energisch die Haare und hüllte sich dann schlotternd in das riesige Handtuch, das noch aus den Beständen ihrer Großmutter stammte. Ronja hatte gehofft, dass es ihr nach der Dusche besser gehen würde, aber das Gegenteil war der Fall. Das hektische Klopfen in der Brust. Die Übelkeit. Und die Platzwunde vom Vortag pochte unheilvolle Morsecodes in Ronjas Hirn.

Sie war eine miserable Lügnerin, wer sie kannte, wusste das. Aber Juri hatte ja überhaupt keine Ahnung, worauf er sich eingelassen hatte. Kurz überlegte Ronja, ob sie ihn anrufen sollte, aber dann fragte sie sich, ob ihr Telefon nicht womöglich bereits abgehört wurde. Willkommen, Paranoia!

Halbnass schlüpfte sie in frische Kleider, rubbelte die Haare trocken und verkroch sich in den Hängesessel auf der Veranda. Sie krallte den Blick ins morsche Holz und versuchte, die Löcher zu zählen, die Generationen gefräßiger Holzwürmer dort hinterlassen hatten, um nur ja nicht an morgen denken zu müssen.

Das Gartenhäuschen war einmal hellblau gewesen, das ließ sich deutlich erkennen. Später war es mit cremeweißem Lack überstrichen worden. Inzwischen blätterten beide Farbschichten ab und gaben den Blick auf die silbrige Maserung frei, die sich darunter befand. Die Holzstufen waren abgetreten und halbverrottet. Ronjas Garten war ein verwildertes Paradies, dem schon sehr lange niemand mehr versucht hatte, menschliche Ästhetikstandards aufzuzwingen. Seit einer Ewigkeit hatte niemand mehr die Obstbäume zurückgeschnitten, Unkraut gejätet oder den Rasen gemäht. Unter den Stufen lebte ein Igel, der tagsüber dort ruhte und nachts durch den Garten wanderte. Außerdem gab es unzählige Mäuse, weshalb im Inneren der Datsche alle Lebensmittel in sicheren Gefäßen gelagert werden mussten. Und die Eichhörnchen aus der Nachbarschaft kamen inzwischen täglich vorbei, um sich die Nüsse zu holen, die Ronja ihnen gewissenhaft jeden Morgen aufs Geländer legte.

Es war nicht zu fassen, dass dieser Ort ihr gehörte. Ihr, der noch nie irgendetwas gehört hatte. Ronja wusste, dass ihre Mutter ihr das Elternhaus hatte vermachen wollen, welches sie seit ihrem Auszug nicht mehr betreten hatte. Aufgrund des eingesunkenen Dachstuhls war es allerdings nicht mehr zu retten gewesen. Letztlich löste eine Zwangsversteigerung das Problem, mit deren Hilfe zumindest die Schulden ihrer Mutter beglichen werden konnten. Bei der Testamentsvollstreckung erhielt Ronja auch einen Stapel Briefe, die ihre Mutter nie an sie abgeschickt hatte, und die noch immer ungeöffnet in einer Schatulle darauf warteten, dass Ronja eines Tages den Mut aufbrachte, sie zu lesen.

Von der Existenz dieses Stückchens Landes hatte Ronja nichts geahnt. Für die Nachbarn war es nicht mehr als ein Schandfleck, doch Ronja bedeutete es alles. Hier, in diesem Häuschen, inmitten der ihm ganz eigenen Wildnis, lagerte der magere Nachlass einer unbekannten Großmutter, die Ronja seltsamerweise so viel näher erschien, als es ihr ihre Eltern je gewesen waren. Die vielen Bücher in der kleinen Bibliothek im Keller des Elternhauses hatten auch einmal der Großmutter gehört. Ronjas Eltern interessierten sich nicht dafür. Aber mithilfe jener Bücher gelang es Ronja, die rohe und leblose Sprache ihrer Eltern zu überwinden, sich dadurch von ihnen abzuheben, dass sie anders sprach, anders schrieb, einfach gänzlich anders dachte als sie. Ronja verzieh es ihrer Mutter nicht, dass sie die Bücher nach und nach bei eBay verscherbelt hatte.

Und jetzt war Ronja ganz allein auf dieser Welt, die sie trotz aller Bücher nicht verstand, nach deren Regeln sie nicht spielen wollte, und die sie nur ertrug, wenn sie Exzesse aneinanderreihte und nicht allzu viel darüber nachdachte, wie sie so geworden war.

Eigentlich hatte sich mit dem Tod ihrer Mutter nicht allzu viel verändert. In den letzten Jahren besuchte Ronja sie ohnehin nur noch selten in der Strafanstalt. Und während der kurzen Besuchszeit blieben ihnen immer die Worte in der Kehle stecken, zu vieles unausgesprochen und die tiefen Gräben, die sie voneinander trennten, unüberwindlich. Außer oberflächlicher Konversation hatten sie nichts zu Wege gebracht.

Ronjas Blick fiel auf den Stapel Feuerholz, der an der Hauswand aufgetürmt lag. Der alte Ofen ließ sich problemlos anheizen, eine Weile konnte sie es damit sicher noch hier aushalten, aber Zoran hatte recht: Hier zu überwintern war beinahe unmöglich. Die Hütte bestand nur aus dünnen Brettern, nicht einmal die Fugen waren ordentlich versiegelt. Das Dach hielt zwar noch dicht, was erstaunlich war, aber in den Nächten würde es schon bald empfindlich kalt werden. Vielleicht musste sie dann doch zu Zoran zurückziehen. Oder sie würde bei Juri leben, dachte Ronja. Wenn womöglich noch alles gut ausging.

Ganz schön viel Hoffnung für einen Fick!, hörte Ronja die lästernde Stimme ihrer Mutter.

Dann gab sie sich einen Ruck, kämpfte sich aus dem Sessel und suchte ein paar Sachen zusammen.

Eigentlich konnte sie schon stolz darauf sein, dass sie sich nicht im Bett verkroch, um tagelang darin vor der Welt zu verschwinden.

Ronja hoffte inständig, dass Juri eine Idee hatte, wie sie der Polizei begreiflich machen könnte, dass sie mit Helens Entführung nichts zu tun hatte. Auf jeden Fall konnte sie seine Nähe gerade gut gebrauchen. Und neben der entsetzlichen Angst und diesem uralten Gefühl, in diesem Leben einfach keine Chance zu haben, keimte beim Gedanken an Juris zuversichtlichen Blick ein zarter Hoffnungsfunke in Ronja auf.

»Mach dir keine Sorgen«, sagte Juri, als er sie an der Tür begrüßte, »die beiden waren eigentlich ganz umgänglich, als ich sie heute Morgen auf der Wache getroffen habe. Die wollen wahrscheinlich nur wissen, ob sie mit dir über irgendwelche Bekannten gesprochen hat, zu denen sie gegangen sein könnte.«

Juri zog Ronja herein, dann schob er sie vor sich her, ins Wohnzimmer. Ronja versuchte, ihren rasenden Puls mit tiefen Atemzügen zu beruhigen und setzte sich aufs Sofa.

»Hat sie ja nicht«, sagte sie leise.

»Eben. Genau das sagst du auch. Siehst du, das ist dann gar keine Lüge.« Juri legte seine Hand auf ihre, lächelte Ronja kurz an und wurde dann sehr ernst. »Ich habe den ganzen Vormittag nach der Katze gesucht. Kam mir vor wie ein Idiot, immerzu *Judith* zu rufen und dabei hinter jeden Mülleimer zu klettern. Als ich ohne sie zurückgekommen bin, war Helen ganz aufgelöst. Sie wäre beinahe erstickt. Fast hätte ich den Notarzt gerufen und alles versaut. Wir müssen unbedingt die Nerven behalten, Ronja. Es steht zu viel auf dem Spiel.«

»Denkst du, ich will, dass sie uns draufkommen?«, fragte Ronja verärgert. »Aber lügen kann ich eben nicht, Juri. Das hat mir mein Vater gründlich ausgetrieben. Ich weiß nicht was passiert, wenn die mich in die Ecke drängen.« Ronja sprach gedämpft, weil sie vermutete, dass Helen nebenan schlief. Auf keinen Fall sollte Helen etwas von ihrer Aufregung mitbekommen.

»So schlimm?«, fragte Juri.

»Sehr schlimm, ja. Mein Vater war Alkoholiker. Er hat meine Mutter und mich im Suff schwer misshandelt. Meine Mutter war auch gewalttätig, aber nicht so unberechenbar wie er. Na ja, mir gegenüber zumindest nicht. Sie hat ihn umgebracht, als ich vierzehn war. Im Januar ist sie im Gefängnis gestorben.«

Ronja hatte Juri nichts von alledem erzählen wollen, noch lange nicht, aber die Worte flossen wie von allein aus ihr heraus und hingen dann hässlich in der Luft. Es war plötzlich sehr still, als würde die ganze Stadt den Atem anhalten. Nicht einmal das Brummen vorbeifahrender Autos war zu hören.

Juri saß da, wie schockgefrostet. Sein zuversichtliches Lächeln war gänzlich verschwunden und er atmete flach. Dann fasste und räusperte er sich.

»Das tut mir unendlich leid, Ronja. Es muss furchtbar gewesen sein.«

»Ja, das war es ... Aber es ist schon lange vorbei und ich versuche einfach, nach vorn zu schauen. Lass uns nicht mehr davon reden, ja? Ich wollte nur, dass du weißt, warum mir diese Vernehmung morgen so eine schreckliche Angst einjagt.«

Juri nickte.

»Ich bin sicher, du schaffst das!«

Ronja suchte in seinen Augen vergeblich nach der für ihn so typischen Leichtigkeit, die seine Worte versprachen, aber Juris Blick war wie verschleiert. Auf seiner Stirn glitzerten feine Schweißperlen und die Hand, die inzwischen warm und schwer auf Ronjas Schenkel ruhte, zitterte.

Ihr Wunder hatte nicht einmal vierundzwanzig Stunden überdauert. Ronja spürte bereits, wie die verdammte Welt ihre gierigen Finger nach ihnen ausstreckte, während sich die gestern noch so saftigen Triebe, die zwischen ihren Leibern gewachsen waren, schon in welke Erinnerungen verwandelten.

9

Zu zweit saßen sie Ronja gegenüber. Die Frau hatte sehr ordentlich einen Block und einen Stift vor sich auf dem Tisch platziert. Sie blickte Ronja streng über den Rand ihrer Brille hinweg an, während der Kollege neben ihr auf dem Stuhl herumlümmelte, die Beine lang ausgestreckt, die Schenkel weit geöffnet, klassischer Eierschaukler. Er kaute auf einem Kaugummi herum und sah aus, als ob er die Stunden bis zu seiner Pension schon rückwärts zählen würde.

Torben lehnte hinter Ronja an der Wand. Sie fühlte seinen Blick auf ihrem Nacken, was ihre Übelkeit ins Unermessliche steigerte.

»Und Ihnen ist nicht bekannt, mit wem Frau Reinberg sonst noch Kontakt gehabt haben könnte?«, fragte die Polizistin.

»Nein.« Ronja spürte, wie ihre Wangen in Flammen aufgingen.

Die Polizistin verzog keine Miene.

»Keine Angehörigen?«, fragte sie trocken.

»Sie hat keine Angehörigen«, antwortete Ronja, »außer ihrem Enkel natürlich, aber mit dem haben Sie ja schon gesprochen.«

Die Frau setzte sich noch aufrechter hin und rückte die Brille zurecht.

»Wir haben mit keinem Enkel gesprochen«, sagte sie. »Es gibt auch keinen. Hier steht, Frau Reinberg habe keine lebenden Verwandten mehr. Wer soll das sein?«

Unter Ronjas Füßen riss der Boden auf. Ein Strudel von der Größe eines Einfamilienhauses kam zum Vorschein und Ronja hätte schwören können, dass sie im Begriff war, mit ihrem Stuhl vornüber hineinzukippen. Ihre Gedanken überschlugen sich förmlich, aber sie bekam keinen zu fassen, sondern stammelte nur.

»Juri? Juri ... Den Nachnamen weiß ich gar nicht. Ihr Enkelsohn, in der Talstraße. Sie haben doch gestern früh ...«

»Talstraße, welche Nummer?« Die Frau war augenscheinlich alarmiert.

»Ich ... ich weiß nicht. Irgendwo da.«

Juri hatte sie angelogen! Aber warum?

»Kennen Sie das Haus?«, fragte die Frau weiter. »Sind Sie schon dort gewesen?«

»Nein«, sagte Ronja, die inzwischen verstand, dass sie gerade im Begriff war, alles gründlich zu ruinieren. »Nein, ich habe eigentlich nichts mit den Angehörigen von Patienten zu tun.«

»Das ist richtig«, mischte sich Torben ein. »Unser Personal ist angehalten, jeglichen privaten Kontakt mit den Patienten und ihren Angehörigen zu vermeiden.«

»Auf den Überwachungskameras ist zu sehen, wie eine männliche Person mittlerer Größe Frau Reinberg zum Aufzug führt. Trifft diese Beschreibung auf den vermeintlichen Enkel zu?«, fragte die Polizistin.

»Ja. Nein. Ich weiß nicht, vielleicht ist er mittelgroß, ja.«

»Und wie haben Sie von dem angeblichen Gespräch mit uns erfahren?«

»Beim Penny. Ich habe ihn beim Penny getroffen. Beim Einkaufen.« Ronja staunte über die spontane Eingebung, die den Weg über ihre Lippen offenbar ganz von allein geschafft hatte.

»Danke«, sagte die Ermittlerin kühl. »Wir behalten uns vor, in dieser Sache erneut auf Sie zuzukommen.« Damit stand sie auf, gab ihrem Kollegen einen unsanften Stoß und marschierte zur Tür hinaus. Der Mann tippte sich zum Gruß an die Mütze und folgte ihr.

Ronja starrte auf die Tischplatte, lauschte und hoffte, dass Torben einfach das Zimmer verließ, aber den Gefallen tat er ihr natürlich nicht. Das Schaben der Stuhlbeine auf dem PVC fuhr wie eine scharfe Klinge Ronjas Wirbelsäule hinauf, dann ließ Torben sich langsam auf die Sitzfläche sinken. Der Geruch seines Aftershaves katapultierte Ronja zurück in jene schlimme Nacht, und die Hand, die er ihr auf die Schulter legte, schien ihr ein Loch ins Fleisch zu brennen.

»Das ist ja eine interessante Geschichte, Ronja«, sagte Torben leise. »Willst du mir nicht erzählen, was du weißt?«

»Ich weiß gar nichts«, presste Ronja zwischen zusammengebissenen Zähnen hervor. Sie versuchte, Torbens Hand abzuschütteln und aufzustehen, aber sein Griff wurde dadurch nur noch fester und er drückte sie zurück auf den Stuhl.

»Ich bin doch nicht blöd!«, zischte er.

»Ich weiß wirklich nichts!« Ronja starrte auf ihre bebenden Hände, um ihn nicht ansehen zu müssen. »Du tust mir weh!«

Zu ihrem Erstaunen löste Torben seinen Griff, schob den Stuhl zurück und stand auf.

»Wenn das so ist, hast du ja nichts zu befürchten«, sagte er betont locker und verließ das Zimmer.

Ronja blinzelte und blinzelte, aber es gelang ihr nicht, die Tränen zurückzuhalten. Der Damm brach schon einen Wimpernschlag später. Ihre Brust zog sich schmerzhaft zusammen und das Beben breitete sich über ihren gesamten Körper aus. Juri und sie hatten eine Welle ausgelöst, die unaufhaltbar auf sie zurollte. Sie würde sie jeden Moment unter sich begraben.

Wieso hatte Juri sie angelogen?

Und weshalb hatte sie ihm überhaupt vertraut?

Sie hätte es besser wissen müssen! Vor allem konnte es ihn nur Sekundenbruchteile gekostet haben, sich die Geschichte mit dem Gespräch auf der Wache auszudenken. Wie war so etwas überhaupt möglich?

Mit einer Menge Übung.

Die Erkenntnis traf Ronja wie ein Faustschlag.

Dann fiel ihr wieder ein, dass sie diejenige gewesen war, die ihre Aktion hatte auffliegen lassen. Zumindest Helen war sie es schuldig, den beiden Bescheid zu geben, bevor etwas noch Schlimmeres geschah!

Ronja sprang auf, sammelte ihr Zeug zusammen und rannte los.

In der Talstraße angekommen blickte sie sich aufmerksam nach der Polizei um, aber es war niemand zu sehen. Ronja stieß die schwere Eingangstür auf und schlüpfte ins Haus. Sie nahm immer zwei Treppenstufen auf einmal. Oben angekommen klingelte sie Sturm.

Juri öffnete die Tür. Sein überraschter Blick war eine einzige Provokation für Ronja. Sie stieß ihn grob zur Seite und stürmte in den Flur. Juri schloss die Tür hinter ihr und starrte Ronja erschrocken an.

»Warum hast du mich angelogen?«

»Ich habe dich nicht angelogen!« Juri zuckte mit den Schultern und vergrub die Hände in seinen Hosentaschen. »Was ist denn los?«

»Die Polizisten sind dir noch nie begegnet«, schrie Ronja. »Das ist los!«

»Psst!« Juri deutete auf die Tür zu Helens Zimmer. »Komm, lass uns rübergehen, ja?« Er nickte in Richtung des Wohnzimmers und Ronja folgte ihm hinein. »Hast du ihnen von mir erzählt?«, fragte Juri, nachdem er die Tür sachte hinter sich geschlossen hatte.

»Ja, du Vollidiot!«

»Hast du ihnen auch die Adresse genannt?« Juri sah besorgt aus.

»Nein, nicht so richtig. Aber sie wissen jetzt, dass du in der Talstraße wohnst.«

»Verdammt!«, sagte er gefasst.

»Also, warum?« Am liebsten wäre sie Juri ins Gesicht gesprungen. Wie konnte er nur so ruhig bleiben?

Juri ließ sich aufs Sofa fallen. Seine Hände zitterten stärker als je zuvor. Er war gar nicht ruhig, begriff Ronja, er war nur über alle Maßen kontrolliert. Seine Kiefermuskulatur war bis aufs Äußerste gespannt. Ein mulmiges Gefühl breitete sich in Ronjas Magengegend aus.

»Ich wollte, dass du dich etwas sicherer fühlst«, sagte Juri leise.

»Und darum lügst du mich an? Und das so spontan? Und so glaubwürdig, als würdest du so etwas jeden Tag machen? Was zur Hölle stimmt nicht mit dir?«

»So ziemlich alles.«

»Was soll das heißen, verdammt noch mal? Jetzt rede mit mir! Sonst hole ich deine Oma dazu. Bin gespannt, wie die das findet!«

»Helen ist nicht meine Oma.«

Stille. Der Satz blieb in der Luft hängen. Er hallte noch in Ronja nach, ganz so, als würde er sein eigenes Echo erzeugen. Sie verlor den Boden unter ihren Füßen, obwohl sie darauf starrte, weil sie Juri einfach nicht ansehen konnte.

Wie hatte sie nur derart naiv sein können?

Und was bedeutete das jetzt für ihre Straftat?

Wer war dieser Kerl überhaupt?

»Bitte sag mir, dass das auch eine Lüge ist«, flüsterte sie.

»Nein, Ronja. Helen ist nicht meine Oma. Ich bin nur ein Junkie, den sie in der Nachbarschaft aufgelesen hat.«

»Was?«

»Du hast mich schon richtig verstanden.«

»Ich … versteh's nicht.« Ronja war fassungslos. »Und die Wohnung?«

»Drogengeld. Ist auch nicht meine, also …«

Unten auf der Straße läutete der Eisverkäufer die Glocke seines Wagens. Ein Hauch heiler Welt, der alles nur noch schlimmer machte. Juri pulte am Ärmel seines Pullovers herum. Sonnenlicht flutete den Raum und von Ferne dröhnte das Horn eines großen Schiffes herüber.

Die Realität hatte mit einem Mal einen Riss bekommen und Ronja fragte sich, wie viel Wahnsinn sich im Leben eines einzigen Menschen eigentlich unterbringen ließ.

Juri räusperte sich, dann fuhr er fort: »Ich bin ein paar Jahre im Knast gewesen, weil ich Amphetamine verkauft habe. Ich habe das Zeug auch genommen, damals. Und alles mögliche andere auch. Dafür habe ich da drinnen zumindest den Entzug geschafft. Aber ich bin noch ein Jahr auf Bewährung draußen. Die Wohnung gehört einem Kumpel, den sie für mehr verknackt haben.« Er rieb sich mit bebenden Händen übers Gesicht. »Ronja, wenn die uns drankriegen, gehe ich wieder in den Bau! Und zwar für lange Zeit.« Juri ließ das Gesicht einfach in seinen Händen liegen.

Und Ronjas Wut fiel in sich zusammen.

Sie dachte, dass ihre Beine sicher gleich unter ihr nachgeben würden, wie in diesen Historienfilmen, also ließ sie sich neben Juri aufs Sofa fallen und versuchte, das eben Gehörte zu begreifen. Ihre Gedanken pendelten zwischen Sucht und Knast hin und her. Dabei hatte sie sich doch geschworen, sich nie wieder mit Menschen abzugeben, die so waren wie ihre Eltern. Aber daran hätte sie natürlich denken müssen, bevor sie Helen entführt hatten. Ärgerlicherweise hing sie längst in der ganzen Sache mit drin, und Helen auch. Und natürlich wollte Ronja trotz allem nicht, dass Juri wieder ins Gefängnis musste, weil man ihn mit seiner Vorgeschichte sicher noch viel härter bestrafen würde als sie.

Ronja würde alles in ihrer Macht stehende tun, um das zu verhindern, und danach mussten sich ihre Wege trennen. Das war sie sich schuldig! Und dieser Gedanke war so schrecklich wie lange nichts.

»Weißt du, was ich nicht verstehe?«, fragte sie. »Warum hast du dich überhaupt auf die ganze Sache eingelassen? Dir war doch klar, was das für ein Risiko ist!«

»Helen«, sagte Juri. »Ich weiß nicht, ob sie mit dir auch darüber gesprochen hat, aber mir hat sie in letzter Zeit oft davon erzählt, dass sie darüber nachdenkt, Schluss zu machen. Mit dem Leben, meine ich. Sie hat immer gesagt, dass sie es tun müsste, bevor man sie irgendwo hinbringt, wo sie nicht mehr die Gelegenheit dazu bekäme.«

Ronja nickte, weil sie wusste, dass Juri recht hatte. Schließlich hatte sie sich aus demselben Grund für diese hirnrissige Idee entschieden.

»Aber Helen weiß doch auch von deiner Bewährung, oder nicht?«

»Nein. Sie hat von gar nichts gewusst. Für sie bin ich einfach verschwunden gewesen. Ich habe mich erst gemeldet, als ich wieder draußen war. Vor einem Monat ungefähr. Da habe ich ihr erzählt, ich hätte einen Entzug gemacht, und mich für die Sorgen entschuldigt, die ich ihr gemacht habe. Sie war stinksauer, sie hatte sich schon das Allerschlimmste ausgemalt. Also hat sie mich ganz schön zur Sau gemacht und mir dann einen Kaffee angeboten. Damit war die Sache für sie erledigt. Typisch Helen eben.«

»Ja … typisch Helen … Und wenn du ihr jetzt die Wahrheit sagst?«

Juri schüttelte den Kopf.

»Das kann ich nicht. Uns wird schon was einfallen. Wir brauchen einfach nur etwas Zeit. Wir müssen jetzt eben noch vorsichtiger sein. Es gibt keinerlei Verbindung zwischen Helen und mir. Hoffen wir, dass das reicht.«

»Wir müssen sie zurückbringen, Juri! Helen versteht das sicher!«

»Nein, Ronja! Das versteht sie sicher nicht. Nicht in diesem Fall. Du weißt doch selbst, wie es für jemanden wie sie von hier aus weitergeht. Helen will nicht ins Heim!«

»Man kann eben nicht immer kriegen, was man will! Wir müssen eine andere Lösung finden! Eine bessere!«

»Ronja.« Juri legte vorsichtig seine Hand auf ihre, wo sie warm vor sich hin zitterte.

Wütend zog Ronja die Hand weg und stand auf.

»Nein«, sagte sie fest. »Diesen Punkt haben wir wohl hinter uns gelassen. Ich fahre nach Hause, ich muss nachdenken.«

Damit stürmte Ronja aus der Wohnung und rannte die Treppen hinunter. Weiter oben hörte sie Juris Schritte poltern, aber er war zu langsam. Unten angekommen riss Ronja die Haustür auf und stolperte nach draußen, aber da hatte Juri sie letztlich eingeholt, hielt sie am Arm fest und zog sie zu sich heran. Er nahm ihr Gesicht in seine Hände.

»Ronja.« Er blickte sie flehend an. »Du hast das doch auch gespürt zwischen uns, oder nicht? Ich verstehe ja, dass du Zeit brauchst, aber bitte gib das nicht auf. Gib uns nicht auf!«

Ronja schob seine Hände weg und schüttelte den Kopf.

»Daraus wird nichts, Juri. Keine Drogengeschichten, keine Knastvergangenheit und keine Lügen. Nicht in meinem Leben. Nicht schon wieder! Ich kann das nicht.«

Um Ronja herum versank alles im Dunkeln. Der Sarkophag war wieder da, dicker und schwerer als je zuvor.

»Geh, bitte!«, sagte sie.

Juri starrte Ronja an. Der verletzte Ausdruck in seinem Gesicht erinnerte sie an ein waidwundes Tier, aber sie wollte nicht mit ihm mitfühlen.

»Nicht!«, rief jemand auf der anderen Straßenseite. »Nicht springen!«

Einige Passanten waren stehengeblieben und legten die Köpfe in den Nacken. Ronja erschrak und folgte ihren Blicken. Oben stand Helen am offenen Fenster, die Lippen zusammengepresst. Ihr wadenlanger Rock wehte wie eine Fahne im Wind.

Juri rannte fluchend los, dann endlich, endlich fand auch Ronja den Weg zurück in ihren Körper und folgte ihm nach. Sie flog die Stufen hinauf und in die Wohnung hinein. Juri war noch immer ein ganzes Stück vor ihr. Er stürzte ins Wohnzimmer und auf Helen zu, die inzwischen nur noch auf einem Bein auf dem Holzstuhl balancierte, den sie aus der Küche hierhergebracht haben musste.

Ronjas Herz stürzte ins Bodenlose.

Sie sah Helen in der Luft schwanken, sah Juri, der wie ein Rugbyspieler auf den schmalen Körper zuflog, sah seine Hände zupacken und hörte ihn schreien, dann fiel das ganze Menschenbündel mit einem dumpfen Schlag aufs Parkett.

Unten hörte man Menschen applaudieren.

»Lass mich, lass mich!«, schrie Helen und stieß Juri den Ellenbogen in die Rippen.

Juri stöhnte vor Schmerz auf und ließ Helen los. Ronja half Helen auf und führte sie zum Sofa, wo sie leichenblass um Luft rang und Ronja grimmig anstarrte.

»Bestimmt hat jemand von denen da unten die Polizei …«, stammelte Juri.

»Ja, das denke ich auch«, fiel Ronja ihm ins Wort. »Ich rufe Zoran an, er kommt euch gleich abholen. Ihr beiden geht sofort runter, am besten Richtung Budapester Straße, da kann er euch gut einsammeln!«

Ronja eilte in die Küche und wählte Zorans Nummer. Nebenan hörte sie Helen und Juri streiten, dann wurde es ruhiger.

»Ja?«, fragte Zoran am anderen Ende.

Das Gezanke im Flur wurde immer noch leiser, dann fiel die Wohnungstür zu und Ronja atmete auf.

»Zoran«, sagte sie, »wir brauchen deine Hilfe.«

10

Die Polizeisirenen waren schon ganz nah, als Ronja aus dem Hauseingang schlüpfte und mit schnellen Schritten die Straße überquerte. Am liebsten hätte sie sich in Dayos Armen verkrochen und die kommenden Wochen einfach verschlafen, aber sie war zu schwach und zu verwirrt, um Dayos etwaige Fragen zu beantworten. Irgendwann später würde sie sich mit Juri, Helen und Zoran treffen müssen, aber in diesem Moment erschien es unmöglich, mit den beiden in einem Raum zu sein, ohne gewalttätig zu werden. Sie mussten sich wirklich gut überlegen, wie es von hieran weitergehen sollte, aber zuerst musste Ronja einen klaren Kopf bekommen.

Zoran war eine sichere Bank in jeder Katastrophensituation. Er hatte ihr versichert, dass er sich um die beiden kümmern würde, bis sie so weit war. Helen und Juri waren bei ihm in den besten Händen.

Das Fahrrad hatte Ronja in der Aufregung vor der Station stehengelassen, deshalb machte sie sich auf den Weg dorthin. Sie überquerte gerade die Reeperbahn, als ihr ein wohlbekannter Geruch den nächsten Schlag verpasste. Erschrocken drehte sie sich um.

»Torben!«

»Ronja, Ronja, Ronja.« Torben schüttelte den Kopf. Der triumphierende Ausdruck in seinem Gesicht machte ihr Angst.

»Was?«

»Ich weiß, wo du die Reinberg versteckst. Und spätestens morgen weiß ich auch, wie dein hübscher Komplize heißt. Ich kenne nämlich eine Menge Leute hier, weißt du?«

Torben hakte sich bei Ronja unter, und sie traute sich nicht, ihn abzuschütteln. Mit der freien Hand hielt er ihr sein Handy vors Gesicht. Das verwackelte Video zeigte eine viel zu schmale Helen, hoch oben im Fensterrahmen, und schwenkte dann zur Haustür, wo Juri und Ronja miteinander diskutierten.

»Es ist nicht so, wie du denkst ...«

»Oh, ich denke aber doch. Es ist ganz genauso, wie ich denke! Die Reinberg ist schneller wieder in der Klinik, als du gucken kannst, und euch zwei Hübschen kriegen sie wegen Entführung dran.«

Ronja biss die Zähne zusammen und schwieg. Vor ihrem inneren Auge lief ein Film ab: Da war plötzlich Helens Körper im freien Fall und Juri, wie er auf einem klapprigen Stuhl saß. Sein Gesicht verwandelte sich in das ihrer Mutter.

Ein Schluchzen kroch Ronjas Kehle hinauf.

Ihr war, als würde sich Torbens Gestank wie eine große Pranke um ihre Kehle schließen und immer weiter zudrücken.

»Was willst du?«, presste sie hervor, weil sie das Schweigen nicht länger ertrug.

»Das weißt du doch, oder? – Bist du auf dem Weg zur Station?« Er wartete keine Antwort ab. »Das trifft sich gut, da wollte ich auch gerade hin.« Dann zwinkerte er Ronja zu und drängte sich noch etwas enger an sie heran.

In Torbens Klammergriff fühlte sich der Marsch durch die vertrauten Straßen an wie der schmale Gang, auf dem sich Schlachtvieh auf seinen letzten Metern vorwärtsschiebt. Ronjas Füße wurden mit jedem Schritt träger, wollten nicht folgen, unter gar keinen Umständen. Falsch, falsch, sie hatte alles falsch gemacht! Es musste einen Moment gegeben haben, in dem sie hätte umkehren können. Wie hatte sie den bloß schon wieder verpasst?

Die bleierne Schwere, die Ronja jedes Mal lähmte, und derentwegen alles, was bisher mit Torben geschehen war, ihre Schuld war, überfiel sie wieder.

Ja, sie hätte sich Hilfe suchen müssen, aber jetzt war es zu spät!

Und mit einer grausamen Klarheit begriff Ronja, dass sie Torben von hier an alles geben würde, wonach er verlangte.In ihr wurde es eiskalt und taub auf den letzten Metern vor der Station.

Torben nestelte mit der freien Hand den Schlüssel aus seiner Tasche, dann schob er Ronja nach drinnen, wo um diese Zeit längst niemand mehr war, weil die Spätschicht erst in einigen Stunden begann.

Hinter ihnen schloss er die Tür ab und drängte Ronja in den Aufenthaltsraum. Er lehnte sich an die Wand und griff mit einer Hand grob in Ronjas Haare.

Sie wehrte sich nicht.

Auf der Straße lärmten ein paar Kinder vorbei. Ein Auto hupte hinter der Milchglasscheibe. Niemand konnte sie sehen.

Ronja wurde zu Stein, wo Torbens Hände sie berührten.

»Wehe du beißt mich!«, presste Torben zwischen den Zähnen hervor. »Ich schwöre dir, dass du das für immer bereust!«

Torben öffnete den Reißverschluss seiner Hose und schob sie ein Stück herunter. Seine Finger rissen brutal an Ronjas Haaren, dann zwang er sie auf die Knie. Ronja konnte ihn riechen, anders hier.

Ekel.

Abscheu.

Übelkeit.

Ronja spürte, wie Tränen ihr Gesicht hinabliefen, und die pulsierende Angst, die ihren Atem einengte. Aber all das war verschleiert, als wäre um sie herum und in ihr drin ein dichter Nebel.

»Los jetzt«, sagte Torben.

Ronja würgte und starb.

Eine andere übernahm ihren Leib und gehorchte.

11

In den Straßen marschierten sie jetzt. Sie trugen die braunen Uniformen, die waren brandneu. Judy musste weit nach oben zu ihnen aufschauen, so klein war sie.

Die Mutter mahnte zur Eile, *nur nicht stehenbleiben und niemanden ansehen*, das hatte sie ihr vor dem Losgehen wieder und wieder gesagt.

Die Nachbarn, die nicht mehr grüßten, sondern böse Dinge riefen. *Drecksjuden* und *mieses Pack*. Einmal hatte ein fremder Mann sie angespuckt. Judy verstand nicht, was da geschah.

Sie wollen uns hier nicht mehr, sagte die Mutter, aber sie waren doch immer nur hier gewesen, und wenn man sie hier nicht mehr wollte, wohin sollten sie denn gehen?

Das Bild verschwamm, dann stand Judy mit einem Mal auf dem Bahnsteig am Dammtor. Die Mutter hatte nicht mit nach oben kommen dürfen. Sie mussten sich draußen voneinander verabschieden. *Ich komme bald nach, mein Schatz*, sagte die Mutter, aber dabei weinte sie, als würden sie sich nie mehr wiedersehen.

Judy war ein tapferes Mädchen, sie weinte nicht.

Sie wartete brav am Bahnsteig. Mit ihren acht Jahren war sie kleiner als die Kinder, die neben ihr standen. Sie trug einen Zettel um den Hals, auf den hatte die Mutter ihren Namen geschrieben und ihr Geburtsdatum. In der Hand hielt sie das Köfferchen, in dem der Teddy von der Freundin steckte, den sie so gern herausgenommen und gedrückt hätte. Aber der Koffer war ja versiegelt, da durfte sie nicht ran.

Dann saß sie auf ihrem Platz, am Fenster.

Und als die anderen weinten, weinte sie auch.

Auf einmal waren da Frauen, die seltsam sprachen. Sie kamen in den Zug und brachten Brot und Butter, brachten ihnen Orangensaft. Und sie waren freundlich. *Wir sind jetzt in Holland*, sagte einer der älteren Jungen, *wir sind jetzt Flüchtlingskinder*.

Und mit einem Mal war Judy auf dem Schiff. Es war windig und da erst spürte sie, dass sie jetzt weit, weit weg war von der Mutter. Sie redete nicht mit den anderen Kindern, sie hockte sich in eine Ecke und wartete. Ein Mann zog sie von Deck.

Dann waren da lauter Erwachsene, die sprachen in einer noch viel fremderen Sprache als die Frauen im Zug.

Das neue Zuhause war ein Heim mit vielen Kindern. Manche wurden von Familien geholt, aber Judy nicht. Judy hatte das Mal auf der Wange, dorthin sah jeder immer zuerst.

Die Gesichter überlagerten sich nun, schneller und schneller, bis sie zu einem einzigen Gesicht wurden: dem der Mutter. Die Mutter, die liebe Mutter, die sie nie mehr wiedersah. Die so gut gerochen hatte, nach Hollerblüten und Honig.

Als die Katze Judy kräftig mit dem Kopf anstieß, öffnete Judy die Augen.

Sie saß noch immer auf dem Sofa.

Sie war längst in Sicherheit.

»Zissele«, flüsterte sie, »warum nur sind diese ganzen Bilder wieder da, hm? Ist doch alles längst vorbei, ist doch alles längst vergessen.« Aber das stimmte nicht, denn alles war wieder viel frischer als noch vor ein paar Jahren. Es war weit weg gewesen, als es Kurt noch gegeben hatte, als sie noch so viel zu tun, noch so viel vorgehabt hatten.

Was war sie glücklich gewesen mit ihm!

Vielleicht war es doch keine gute Idee gewesen, auf die alten Tage hierher zurückzukehren. Aber in Mannheim konnte sie auch nicht bleiben, da erinnerte alles bloß an Kurt. Was sollte man im Schmerz stehen bleiben? Wenn es weh tat, musste man weitergehen. Immer weitergehen, so lange, bis man an einen besseren Ort gelangte.

Und sie hatte gehofft, dass sie doch noch jemanden würde ausfindig machen können, von früher. Dass sie irgendeiner Menschenseele aus der Kindheit oder irgendeiner Erinnerung begegnen würde, die gut war und unbefleckt.

Mechanisch kraulte Judy die Katze, die das mit einem verärgerten Miauen quittierte. Das Tier leckte sich nachdrücklich über den Rücken und gab plötzlich ein grässliches Würgegeräusch von sich.

Sofort war Judy wieder klar.

»Nicht auf die Couch!« Unsanft stieß sie ihr Zissele vom Sofa.

Die Katze drehte hustend ein paar Runden auf dem Teppich und würgte dann ein Gemisch aus Haaren und Futter aus.

Kopfschüttelnd stand Judy auf und ging ins Badezimmer. Am Halter hing nur noch ein allerletztes Blatt Klopapier. Judy zupfte es ab, warf die Papprolle in den Mülleimer und öffnete den Schrank, um eine neue herauszuholen.

Sie erschrak.

Wo sonst die Rollen aufgestapelt lagen, gähnte ein leeres Fach sie an. Es war nichts mehr da! Wie hatte sie das bloß vergessen können?

Auf Strümpfen ging sie zu Frau Safi hinüber und klingelte, obwohl sie wusste, dass Frau Safi vorhin das Haus verlassen hatte. Judy klingelte wieder und wieder, dann gab sie auf.

Sie durchstöberte die Wohnung nach Papierähnlichem, das sich als Ersatz zweckentfremden ließ, aber außer einem einzelnen alten Taschentuch in ihrer Handtasche fand sich nichts, und als ihr klar wurde, was sie da tat, war die Scham überwältigend.

12

Jetzt nur nicht allein sein! Ronja lief die paar Meter bis zu Zorans Wohnung durch ein Chaos aus Bilderfetzen und Sinneseindrücken. Ihre Hand schrubbte unablässig über die Stelle auf ihrer Wange, die Torben zum Abschied geküsst hatte.

Ronja stieg die Stufen zur Haustür hinauf, klingelte und erbrach sich über den Handlauf, noch ehe sie gemerkt hatte, dass sie würgen musste.

»So eine Sauerei!«, pöbelte eine Frau, die gerade ihre schweren Einkaufstüten über die Straße schleppte. »Am helllichten Tag!«

Ronja wischte sich mit dem Ärmel ihrer Jacke über den Mund.

Endlich erlöste das Summen des Türöffners sie. Ronja schob sich ins Haus, stieg die staubigen Stufen hinauf und registrierte, wie sie mit jedem Schritt langsamer wurde. Als sie im dritten Stock angelangt war, stand Zoran in der Tür. Ein schiefes Lächeln hing in seinem Gesicht, und diese feinen Linien um seine Augen zeigten sich ausschließlich, wenn er lächelte. Ronja hätte losheulen können, aber stattdessen straffte sie bloß die Schultern und lächelte zurück.

»Was hast du denn da gemacht?« Zoran befühlte ihre Wange, die inzwischen dermaßen brannte, dass Ronja zurückzuckte.

»Ach, ich habe mich am Schrank gestoßen«, sagte sie gedämpft. »Sind die beiden in der Küche?«

Zoran nickte, umarmte Ronja und zog sie mit sich.

Im Flur stapelten sich alte Zeitungen, ausgetretene Schuhe

und allerlei Werkzeug, daneben Kisten mit Schrauben, ein paar Holzbretter und drei leere Bierkästen.

Juri und Helen saßen am Tisch, schauten Ronja betreten an und sagten nichts.

Juris Blick verfing sich am roten Fleck auf der Wange, den Ronja mittlerweile auch selbst im Flurspiegel entdeckt hatte. Er sah sie fragend an, aber sie schüttelte den Kopf, schob sich auf die knarzende Bank und stellte die Ellenbogen auf dem Tisch auf. Zoran öffnete eine Bierflasche mit dem Zollstock, der noch in seiner Arbeitshose gesteckt hatte, und reichte sie ihr. Ronja nahm einen großen Schluck und genoss den bitteren Geschmack, der endlich den vorherigen wegspülte.

Dann betrachtete sie Helen.

Helen wirkte, als wäre sie beim Waschen eingegangen. Geradezu winzig hockte sie auf dem schäbigen Stuhl, die Hände im Schoß zusammengelegt, die Augen ganz unruhig, zwei zwinkernde Knöpfe. Juri sah gebrochen aus, aber Ronja wollte ihn so nicht sehen, also wendete sie sich schnell wieder ihrer greisen Freundin zu.

»Helen?« Ronja lehnte sich zu ihr hinüber. »Warum hast du das gemacht? Ich habe gedacht, jetzt ist alles gut, und dass ich dir vertrauen kann. Wenn du wirklich gesprungen wärst, ich glaube, das hätte ich nicht gepackt! Wie hätte ich denn weiterleben sollen, hm? Hast du keinen Moment lang daran gedacht, was aus uns werden soll, wenn du dich umbringst?« Eigentlich hatte Ronja viel sanfter mit ihr sein wollen, aber je länger sie sprach, desto wütender wurde sie.

Juri legte ihr eine Hand auf den Unterarm, aber Ronja funkelte ihn zornig an und er nahm sie wieder weg.

»Ist schon gut«, sagte Helen zu Juri. Dann wandte sie sich an Ronja, die Augen zu Schlitzen verengt. »Ich habe euch reden gehört! Du wolltest mich zurückbringen, dahin! Erzähl du mir nichts von Vertrauen!«

Helen kaute angestrengt auf ihrem Gebiss herum, fummelte

eine Mentholzigarette aus der Schachtel, die vor ihr auf dem Tisch lag, und zündete sie an. Dann blies sie hustend den Qualm in den Raum. Offenbar hatten die drei unterwegs bei Helens Wohnung halt gemacht, denn neben ihr stand die Sauerstoffflasche aus ihrer Wohnung. Die mit dem schäbigen Schlauch, den Helen Ronja nie hatte austauschen lassen, obwohl längst ein neuer geliefert worden war. Das modernere Modell aus dem Krankenhaus war wohl bei der Flucht in der Talstraße zurückgeblieben.

Ronja lehnte sich erschöpft zurück. Zoran lümmelte am Kühlschrank herum und zuckte mit den Schultern.

»Also, da dein Zimmer ja noch immer frei ist, bleiben die beiden wohl fürs Erste bei mir«, sagte er. »Aber ich würde ja zu gern wissen, ob ihr bei der ganzen Sache überhaupt nachgedacht habt. Wie lange soll das denn bitte noch gehen? Irgendwann muss sie wohl auch zum Arzt und neue Medikamente bekommen, oder nicht?«

»Medikamente bekommt man auch so«, sagte Juri, »wenn man die richtigen Leute kennt.«

Zoran hob die Hand und sah Ronja fragend an.

»Was ist das hier? Hat dein neuer Lover Verbindungen zum Seniorenschwarzmarkt?«

»Er ist nicht mein neuer Lover!«, sagte Ronja bitter.

Juri stöhnte auf und ihre Blicke trafen sich. Er schüttelte langsam den Kopf und der traurige Ausdruck in seinem Gesicht bohrte sich tief in Ronjas Brust.

Es tat weh, ihn anzusehen.

Beinahe war Ronja erstaunt darüber, dass sie überhaupt noch etwas zu fühlen imstande war.

»Hier bleibe ich nicht«, sagte Helen bestimmt.

»Doch!«, sagte Ronja.

»Nein!«

»Aufhören!«, rief Juri dazwischen.

Zoran schüttelte den Kopf und ließ sich auf den letzten freien Stuhl sinken.

Für einen Moment herrschte Ruhe.

Eine Fliege kreiste ein paar Mal über ihren Köpfen, dann klatschte sie gegen die Scheibe, einmal, zweimal.

»Doch«, wiederholte Ronja. »Helen, ich muss dir was Wichtiges erzählen.«

Juri griff nach Ronjas Arm, aber Ronja zog ihn sofort weg und starrte Juri so lange in die Augen, bis er es nicht mehr aushielt.

»Okay«, sagte er leise.

Helen blickte Ronja weiter feindselig an und drückte die Zigarette im Aschenbecher aus.

»Ich weiß, dass Juri nicht dein Enkel ist«, sagte Ronja, »und ich bin echt sauer, dass ihr mich deswegen belogen habt!«

»Aber ich ... ich ...«, stammelte Helen.

»Nein, warte bitte!«, unterbrach Ronja sie. »Ich weiß außerdem eine Sache, von der du nichts ahnst. Juri war zwar auf Entzug, aber vor allem war er im Gefängnis und nun ist er auf Bewährung draußen. Das bedeutet, dass er sofort wieder in den Bau geht, wenn wir erwischt werden. Und zwar für lange! Willst du das?«

Helen schrumpfte noch ein wenig mehr und ihre Unterlippe begann zu beben. Langsam wendete sie sich Juri zu, der unbehaglich auf seinem Stuhl herumrutschte.

»Stimmt das?« Helens Stimme war brüchig, und Ronja befürchtete, dass sie komplett in sich zusammensacken könnte.

Juri nestelte am Schlauch der Sauerstoffflasche herum, aber Helen schnauzte: »Lass das, hergottnochmal! Ob das stimmt, habe ich dich gefragt!«

»Ja. Es stimmt.« Er war blass geworden.

»Im Gefängnis«, sagte Helen. »Furchtbar! Und du hast mir nichts davon erzählt! Ich war auch einmal im Gefängnis, wisst ihr das eigentlich?«

Helens Hände flatterten über das Zigarettenpäckchen. Sie betasteten die Schachtel, ohne offenbar etwas Konkretes damit zu wollen.

»Ja«, flüsterte Ronja. »Du hast es mir schon oft erzählt, Helen. Und wir müssen jetzt alle zusammenhalten, damit Juri nicht wieder dorthin zurückmuss. Das verstehst du doch, oder?«

Helen schwieg lange, als wäre sie weit fortgegangen und müsste erst wieder hierher zurückfinden.

»Selbstverständlich!« Mit einem Mal schien sie wieder ganz da zu sein. »Unter diesen Umständen werde ich es hier wohl fürs Erste aushalten.«

»Es ist ja nur für ein paar Tage«, sagte Juri. »Bis uns was Besseres einfällt.«

Das Schrillen der Türglocke ließ sie alle zusammenzucken, aber Zoran lächelte und hob beschwichtigend die Arme.

»Dayo«, sagte er und ging zur Tür.

In jeder Hand trug Dayo zwei bauchige, weiße Plastiktüten, aus denen sich der Duft von indischem Essen in den Raum verströmte.

»Ich habe mir gedacht, dass ihr sicher hungrig seid«, sagte sie, und Dayos Stimme machte, dass für einen Augenblick alles gut war.

Ronja ging zu ihr hin und schloss sie in die Arme. Sie vergrub die Nase tief in der weichen Haut an Dayos Hals und ließ die Fingerspitzen über ihren Kopf gleiten.

»Dayo«, flüsterte sie, »wie gut, dass du da bist.«

Dayo schob Ronja ein Stückchen von sich weg.

»Was ist das denn?«, fragte sie. »Hat dich jemand geschlagen?« Sie hob Ronjas Kinn an und betrachtete ihre Wange.

»Nein, ich bin gegen eine Schranktür …«

»Du musst wirklich besser aufpassen!«, antwortete Dayo kopfschüttelnd, dann stellte sie sich Helen und Juri vor und machte sich daran, den Tisch zu decken.

Ronja bekam nichts herunter. Immerzu überfielen sie Gedanken an das, was sie vorhin getan hatte – an Torben. Überfielen sie Ekel und Scham. Aber niemand nahm davon Notiz.

Dayo und Helen unterhielten sich über den Wandel, den das Viertel in den letzten Jahren durchgemacht hatte, Zoran und Juri lauschten den beiden vordergründig, musterten einander aber skeptisch, sobald der jeweils andere nicht hinsah.

Ronja war unsichtbar.

Eigentlich hätte sie auch am Tisch sitzen bleiben können, aber sie stand auf und behauptete, dass sie noch ein wichtiges Telefonat führen müsse.

Sie ging ins Treppenhaus und stieg ganz nach oben. Eine Klappleiter, die eigentlich nur für Wartungsangelegenheiten zu benutzen war, führte auf das Dach. Zoran hatte das Bügelschloss an der Klappe vor einer Ewigkeit aufgebrochen, und da niemals jemand kam, um irgendetwas zu warten, war der Zugang seither offen geblieben.

Oben auf dem Dach setzte sie sich direkt vor den kleinen Schornstein, der eine passable Rückenlehne abgab, und ließ den Blick über den Hafen schweifen. Der Abend dämmerte. Der Himmel war ein Traum in Pastell. Ein paar Möwen kreisten um sie herum. Sie erhofften sich wohl den ein oder anderen Leckerbissen, gaben aber schnell auf, als ihnen klar wurde, dass bei Ronja nichts zu holen war. Die Luft war mild und freundlich und das Summen der Stadt umhüllte Ronja wie ein weicher Mantel. Wie gut das tat. Aber ihre Wange brannte noch immer und sie konnte nicht aufhören, an Torben zu denken. Sie hatte keine Tränen mehr. Es war schon erstaunlich, was man ertragen konnte, wenn man musste.

Nach Torbens erstem Übergriff hatte sie zwei Tage lang gezittert. Damals befürchtete sie, dass sie nie wieder mit jemandem würde schlafen können, ohne dabei an ihn zu denken. Aber so schlimm kam es nicht. Vielleicht war die Sache in Wirklichkeit gar nicht so furchtbar gewesen. Im betrunkenen Zustand konnten Situationen schließlich auch mal verkehrt wahrgenommen werden. Und außerdem war es nicht bis zum Äußersten gekommen, weil sie weglaufen konnte. Oder hatte sie es insgeheim doch gewollt, wie Torben behauptete? Unbewusst, oder so? Womöglich hatte sie ihm tatsächlich irgendwelche Signale gesendet?

Aber das, was sie heute getan hatte, war etwas anderes. Sie hatte sich bewusst dafür entschieden, und trotz aller guten Gründe: Sie ekelte sich vor sich selbst!

»Hey.« Zoran war unbemerkt aufs Dach geklettert. »Was machst du denn für ein Gesicht?« Er setzte sich neben Ronja und legte den Arm um ihre Schultern.

»Ach, nichts. Ich mache mir bloß ein bisschen Sorgen.«

Sie hätte Zoran so gern davon erzählt, was passiert war, einfach nur, damit es aus ihrem Kopf herauskam. Aber wenn er davon erfuhr, würde er keinen Moment zögern. Er würde Torben sofort zur Rede stellen, oder Schlimmeres. Und dann wäre alles umsonst gewesen. Ronja schluckte den bitteren Kloß hinunter, der in ihrem Hals steckte, und zwang sich, Zoran anzulächeln. Er drückte ihr einen Kuss auf die unversehrte Wange.

»Was ist da los, bei dir und deinem Neuen?«

»Ach, es ist kompliziert«, sagte Ronja. »Eigentlich war alles, was ich von ihm zu wissen glaubte, gelogen. Hast du mitbekommen, vorhin.«

»Ja.« Zoran nickte. »Kann ich mir vorstellen, dass dich das enttäuscht. Aber ist das alles?«

»Reicht das nicht? Was soll ich denn bitte mit einem Junkie? Er behauptet, jetzt clean zu sein, aber er ist gerade wieder zurück auf dem Kiez. Du weißt doch, wie so was läuft: Man trifft die alten Kumpels, hat ein paar Probleme, und schon geht die ganze Sache von vorne los!«

Ronja stand auf und marschierte auf der Dachpappe hin und her. Das Dach wirkte, als würde es nur noch von Taubenkot und schmutzigen Daunen zusammengehalten.

Zoran stand ebenfalls auf. Er vergrub die Hände in den Hosentaschen und blickte in die Ferne, als stünden die Antworten in den rosa Himmel geschrieben.

»Ja, verstehe ich schon, natürlich. Es ist nur ... Das passt gar nicht zu dir, so ein harter Cut. Du hast doch sonst immer so viel Verständnis für alles und jeden. Und deine Gefühle? Was ist aus denen geworden?«

»Weiß nicht«, sagte Ronja leise. »Habe ich abgestellt, glaube ich.«

Zoran machte einen großen Schritt auf Ronja zu und nahm sie in die Arme.

»Ich gehe mit zu Dayo für ein paar Tage«, sagte er, »dann habt ihr die Wohnung für euch und du kannst selbst entscheiden, was du machst. Sag Bescheid, wenn du was brauchst, ja?« Er drückte Ronja einen Kuss auf die Stirn und ließ sie los.

»Ja«, sagte Ronja, »versprochen.«

Sie blickte Zoran hinterher, der mit wiegendem Gang zur Leiter schlenderte, und fühlte sich wie eine Verräterin.

Als Ronja sich endlich dazu durchringen konnte, wieder vom Dach hinunterzusteigen, hatten die anderen Helen in Ronjas altem Zimmer einquartiert. Zoran hatte es schon leidlich eingerichtet, um es an Touristen vermieten zu können. Ronja ließ den Blick über die große Baustelle hinter dem Haus schweifen, die den zuvor ganz zauberhaften Ausblick trübte. Den Schlüssel der Balkontür zog sie sicherheitshalber ab und ließ ihn in die Tasche ihrer Jeans gleiten. Immerhin hatte dieser Raum kein weiteres Fenster, das Helen zum Springen verleiten konnte. Natürlich gab es von Seiten des Pflegedienstes klare Vorgaben, was bei Suizidgefährdung zu tun war. Eine Notwendigkeit, denn das kam hier ständig vor. Wer in diesem Milieu alterte, hatte kaum Aussichten auf einen schönen Lebensabend. Ronja war mit solchen Fällen immer professionell umgegangen. Sie hatten ihr auch nicht sonderlich viel abverlangt. Eigentlich hatte sie selbst eine neutrale Haltung zu diesem Thema, schließlich konnte sie sich einen selbstgewählten Abgang auch für sich ganz gut vorstellen. Aber diesmal war es anders.

Weil es um Helen ging.

Ronja hatte entgegen aller Vernunft dichtgehalten, nichts in der Akte vermerkt und auch keine fachkundige Betreuung angefordert. Stattdessen bewahrte sie Helens Geheimnis und lud sich somit die Verantwortung für ihr Wohlergehen auf die eigenen Schultern. Und Ronja hatte sich auf Helens Versprechen verlassen. Irgendwie glaubte sie tatsächlich, dass es ihr immer wieder gelingen würde, Helen aufzufangen. Sie hoffte, dass ihre seltsame Freundschaft, nein, dass sie, sie allein, für Helen wichtig genug war. Dass Helen sie nicht einfach so allein zurücklassen würde. Aber was wusste sie schon?

Zorans Bett war nicht mehr als eine durchgelegene Matratze, die auf ein paar Europaletten lag. Ronja zog das Kissen auf ihren Schoß und atmete seinen Duft ein. Herber Männergeruch, Tabak und Nivea Creme. Wie viele Male hatten sie dieses Bettzeug durchwühlt, ganze Tage darin verbracht und alles mit Chipskrümeln kontaminiert? Ronja hatte noch nie verstanden, wo genau die Grenze zwischen Freundschaft und Liebe verlief. Warum Zärtlichkeit nur Paarbeziehungen vorbehalten sein sollte und was Menschen dazu bewegte, einander besitzen zu wollen. Sie verstand es auch jetzt nicht.

»Können wir reden? Bitte?«

Juri lehnte im Türrahmen und sah traurig aus. Er schien auf einmal geschrumpft zu sein, wie er dastand, die Schultern nach vorn gewölbt, als hätte ihm jemand das Rückgrat gebrochen. In Ronjas Hals wucherte ein fester Knoten, der sich langsam bis in ihren Magen hinunterzuschieben schien.

»Komm rein.« Sie legte das Kissen weg.

Juri ließ sich neben ihr auf die Matratze sinken und nestelte nervös mit den Fingern herum. Ronja unterdrückte den Impuls, sie einfach festzuhalten.

»Es tut mir alles so leid, Ronja«, flüsterte Juri. »Ich will mich nicht herausreden, es gibt keine Entschuldigung dafür, dass ich dich angelogen habe. Aber es ging alles so schnell!« Seine Fingerknöchel wurden weiß, so sehr knetete er seine Hände. »Weißt du, gerade eben war ich noch ganz unten, alles war verloren. Und dann habe ich irgendwie doch noch die Kurve gekriegt. Dann war ich plötzlich wieder draußen, dann war Helen weg und stattdessen warst du da und hast mich angesehen, als wäre ich jemand. Es war wie ein Strudel, weißt du? Ich habe gesehen, wie dir die Wohnung gefallen hat. Für wen du mich gehalten hast.« Juri griff nach ihrer Hand, aber sie stand schnell auf.

Sie war kurz davor, ihn zu unterbrechen, aber da sprach er schon weiter: »Am Anfang wollte ich nur mal etwas wirklich Gutes erleben. Wollte dich erleben, uns. Und dann war es zu spät. Es gab keine Gelegenheit, alles richtigzustellen. Als du dann noch von deinen Eltern erzählt hast, war mir klar, dass es für einen wie mich keinen Platz geben sollte, in deiner Welt.«

»Bist du fertig?«

»Was?«

»Ob du fertig bist, habe ich gefragt.« Ronja blickte ihn aus zusammengekniffenen Augen an. »Du sagst, es gibt keine Entschuldigung für dein Verhalten, aber rechtfertigst dich trotzdem! Es gibt immer Gründe. Gründe zu lügen, Gründe, die Wahrheit zu sagen, Gründe zu verzeihen, oder? Die Frage ist doch, ob du bereit bist, Verantwortung zu übernehmen für das, was du tust.«

»Und das tue ich nicht?«

»Nein, das tust du nicht! Du hast es erst zugegeben, als ich es längst wusste. Und ich bin diejenige gewesen, die Helen die Wahrheit gesagt hat!«

Der Knoten in Ronjas Bauch schien sich in eine Supernova zu verwandeln. Mit aller Kraft versuchte sie, die Gefühle zurückzudrängen, die daraus emporquollen, aber es funktionierte nicht. Ronja war, als würde sie aus ihrem Körper hinausgedrängt, als wäre sie plötzlich zu einer simplen Beobachterin degradiert. Und neben ihr sprang die automatisierte Ronja-Hülle auf und schrie: »Du hast ja keine Ahnung, was es mich kostet! Keine Ahnung hast du, du verdammter Bastard!«

Die Hülle zitterte, ihr Rücken wölbte sich unter Krämpfen und übergab sich auf den Boden. Mit einem Satz war Juri zur Stelle, und als sich seine warme Hand auf ihren Rücken legte, war Ronja mit einem Mal wieder zurück in ihrem Körper, stand selbst gekrümmt da. Vom Boden stieg der beißende Gestank von Erbrochenem auf.

Ronja schämte sich, aber sie konnte nichts anderes tun, als dazustehen und zu weinen. Unter der Scham lag Ekel. Und der Ekel spülte entsetzliche Bilder nach oben, den Klang von Torbens Stimme und seinen Geruch.

»Ronja«, flüsterte Juri. Und wieder: »Ronja. Hey, Ronja! Sieh mich an!«

Aber Ronja konnte nicht.

13

Nach einer schlaflosen Nacht, in der Ronja das Gefühl nicht losgeworden war, Juris und Helens Atemzüge überlaut durch die angrenzenden Wände hören zu können, kämpfte sie sich zum Frühdienst.

Zum Glück blieb ihr eine weitere Begegnung mit Torben erspart, es ging ihr auch ohne diese schon schlecht genug.

Ronjas erste Anlaufstelle an diesem Morgen war wieder Susi Fuchs, was ungewöhnlich war. Susi schlief gern aus, konnte sich noch größtenteils selbst versorgen und wurde daher meist erst am späten Vormittag angefahren. Aber heute hatte sie sich mit einer Ausnahme abgefunden, weil es irgendein Problem mit dem Dienstplan gegeben hatte.

Nach der ohnehin schon wackeligen Fahrt bekam Ronja das verdammte Fahrradschloss nicht auf, so zittrig waren ihre Finger nach all den verkrampften Stunden, in denen sie stumm dagelegen hatte, während die Gedanken hinter ihrer Stirn idiotische Kreise abgelaufen waren. Lauter lose Enden und keine Lösung in Sicht. Das Herz tat ihr weh, wenn sie an Juri dachte, und sie dachte ständig an ihn.

Und an das andere auch.

Als das Handy in ihrer Tasche vibrierte, ließ Ronja fluchend vom Schloss ab.

Es war Torben.

Ronjas Körpertemperatur sank auf null. Sie hob trotzdem ab.

»Ja?«

»Ronja«, sagte Torben. Einen Moment lang blieb es still und sie hoffte inständig, dass er nur etwas Dienstliches fragen würde.

Sie schaute nach oben, wo ihr Susi schon gutgelaunt aus dem geöffneten Fenster zuwinkte.

»Ich habe mich gefragt, ob du nicht Lust auf ein Treffen hast«, fuhr Torben fort. »Sagen wir morgen Abend? Um elf in der Station?«

Bitte nicht!

»Morgen kann ich nicht.« Es war nicht mehr als ein Flüstern.

»Das denke ich aber schon!« Torbens Stimme war kalt und schneidend wie geschärfter Stahl.

Panik.

Panik.

»Wirklich, ich …«

»Ronja, sei ein liebes Mädchen. Zwinge mich nicht dazu, dir wehzutun.«

Dieser Satz.

Dieser Satz gehörte nicht hierher.

Ronjas Blick fiel wie zufällig auf ihre Hände. Was waren das für kleine Hände, viel kleiner, als sie sein sollten. Plötzlich stand sie wieder in der Küche, im Elternhaus, wo der Vater ihr eine Kanne mit heißem Tee hinhielt. Seine Sprache war verwaschen, weil er besoffen war, aber Ronja konnte immer verstehen, was er sagte. Sie konnte an seinem Gang erkennen, wie nah man ihm kommen durfte, was zu tun und was zu unterlassen war. Das war ihre Superkraft.

»Sie muss bestraft werden, Ronja«, sagte der Vater. »Komm, sei ein liebes Mädchen.«

Ronja folgte seinem ausgestreckten Finger mit den Augen. Der Vater hatte die Mutter bewusstlos geschlagen, sie lag auf dem Küchenboden wie eine Marionette, der man die Fäden durchtrennt hatte. Den Tee, sagte der Vater, den Tee solle sie über die rechte Hand der Mutter gießen, weil sie die gegen ihn erhoben hatte. Ronja konnte nicht. Sie stand nur da und starrte den

Vater an, sie hatte ja das Atmen verlernt, und das Tun, schon wieder.

»Zwing mich nicht, dir wehzutun«, lallte der Vater.

Aber Ronja war gefangen in einer Starre, die nicht ihre war. Selbst wenn sie gewollt hätte, wäre es ihr nicht möglich gewesen, die Kanne aus seiner Hand zu nehmen. Und weil der Vater keinen Kampf je verlor, griff er stattdessen nach Ronjas kleiner Mädchenhand und zerrte sie zu sich heran.

Zuerst spürte Ronja nichts, dann eisige Kälte, dann durchzuckte sie ein nie gekannter Schmerz. Ronja schrie und schrie und schrie.

»Ronja!« Torbens Stimme katapultierte sie zurück in die Gegenwart. »Morgen Abend auf Station, alles klar?«

»Ja … ja, alles klar«, stammelte sie, dann drückte sie schnell den roten Hörer auf dem Display und steckte das Telefon in die Tasche zurück. Noch einmal sah Ronja nach oben zum Fenster, wo Susi jetzt verstört wirkte.

»Ich komme schon«, rief sie, stolperte zur Haustür, wo der Türöffner schon summte, und stieg mit wackeligen Knien die Treppe hoch.

»Ronja«, rief Susi. »Schatz, was ist denn los? Schlechte Nachrichten?« Sie kam Ronja mit unsicheren Schritten entgegen, drückte sie fest an ihre Brust, und Ronja konnte das Schluchzen nicht unterdrücken. »Na, na. Komm, komm erst mal rein, ja? Und dann erzählst du mir alles. Ich räum das nur kurz weg.«

Ronja folgte Susi in die Wohnung, in der am Vorabend eine Party stattgefunden haben musste. Auf beiden Sofas lagen Tücher, Perücken und diverse Fummel, und auf dem Tisch türmten sich Pizzakartons über vollen Aschenbechern und umgestoßenen Bierflaschen. In einem Sektglas war eine Fliege verendet. Es roch nach ungewaschenen Körpern und zu vielen ungelüfteten Stunden. Ronja war es egal. Sie ließ sich auf den freien Teil der Couch sinken, auf dem Susi sicher zuvor gesessen hatte und schloss die Augen. Susi rumpelte durch die Wohnung. Ronja hörte, wie

Flaschen klirrten und Kartons gestapelt wurden, undefinierbares Geraschel und den winzigen Handstaubsauger, mit dem Susi ihren Tisch von Tabakfäden, Koksresten und Keksкrümeln befreite. Ein Fenster wurde geöffnet und ließ Spätsommerluft und Stadtgeräusche herein. Der Fernseher verstummte.

Irgendwann ließ sich Susi neben Ronja in die Polster sinken und legte ihre Hand auf Ronjas Knie. Ronja öffnete die Augen. Das größte Durcheinander war verschwunden, sogar ein Strauß Blumen zierte den Tisch, wo wenige Augenblicke zuvor eine Flasche Gin gestanden hatte.

»Mit wem hast du eben telefoniert?«, fragte Susi.

»Torben.«

»Diercks?«, fragte Susi. »Vom Pflegedienst?«

»Mhm.«

»Und? Was war?«

Wieder schluchzte Ronja auf. Sie konnte gar nichts tun gegen die Tränen und die Krämpfe, die sie schüttelten. Auch nicht gegen die Atemnot. Luft, sie brauchte Luft!

Sie sprang auf und stürzte zum Fenster.

Das war besser.

Viel besser.

Ronja zählte, das hatte sie gelernt, das konnte sie tun. Einatmen: eins, zwei, drei, vier. Pause, Luft anhalten. Dann ausatmen: eins, zwei, drei, vier. Pause.

Dann wurde sie ruhiger.

Susi wartete geduldig, bis Ronja sich wieder gefangen hatte. Dann klopfte sie mit der Hand neben sich auf die Couch und Ronja setzte sich wieder.

»Ronja, so habe ich dich noch nie gesehen. Komm, erzähl mir was los ist, ja?«

Und das tat Ronja. Alles brach aus ihr heraus, ohne dass sie es hätte aufhalten können.

Sie erzählte von den Eltern und deren Strafen, die keinem nachvollziehbaren Regelwerk gefolgt, aber immer grausam ge wesen waren. Sie erzählte von Torbens ersten schmierigen Berührungen, ihrer eigenen Unfähigkeit, sich dagegen zu wehren und von dem, was dann gefolgt war. Sie erzählte von Juri, von all dem, was Susi noch nicht wusste, seinem Verrat, seiner Vergangenheit. Sie erzählte von Helens Entführung und davon, wie Torben sie filmte, als Helen sich beinahe ihretwegen aus dem Fenster gestürzt hatte. Sie erzählte sogar von dem, was sie getan hatte, um sie alle zu beschützen. Und von dem Telefonat, gerade eben, das sie noch immer mit Grauen erfüllte.

Susi sah Ronja einfach an und hörte zu.

Sie konnte sehr gut zuhören.

Susis Blick hielt Ronja fest, aber er forderte nichts. Ronja konnte sehen, wie sich ihr Schmerz in Susis altem Gesicht spiegelte, aber Susis Augen waren offen und liebevoll. An den Lidrändern schimmerten Tränen, aber sie schaute nicht weg. Diese Augen hatten schon viel gesehen und sie hielten alles aus, das begriff Ronja.

Dann gab es nichts mehr zu sagen.

Ronja war leer und müde. Draußen hupte ein Auto, und zwei Männer schrien sich wüste Beschimpfungen entgegen. Ein Hund bellte. Susi stand auf und tippelte mit unsicheren Schritten zum Fenster. Sie schloss es wieder, und es wurde still im Raum.

»Isolierglas«, sagte Susi in die Stille hinein.

Eine Weile saßen sie bloß da, jede in ihre eigenen Gedanken vertieft.

Irgendwann sagte Susi: »Das ist schlimm, Ronja. Sehr, sehr schlimm.« Sie schlug die Handflächen zusammen. »Wir brauchen einen Plan!«

»Wir?«, fragte Ronja.

»Ja, natürlich wir!«, herrschte Susi sie an. »Denkst du, ich lasse dich damit allein, oder wie?«

Ronja zuckte mit den Schultern.

»Wie willst du denn … Ich meine …« Hilflos machte sie eine Geste, die Susis körperlichen Zustand zu umreißen versuchte.

Susi hob eine Augenbraue.

»Das lass mal meine Sorge sein! Aber wir brauchen natürlich Unterstützung. Allein können wir gar nichts ausrichten. Dayo müssen wir holen. Und Zoran. Und deinen ... Wie heißt er noch?«

»Juri?«

»Den auch, genau!«

»Ich will sie da nicht mit reinziehen.«

»Also, das kannst du vergessen, Ronja, wirklich. Das hier ist allein nicht zu schaffen! Und du musst es auch gar nicht schaffen! Du hast Menschen, die dich lieben, weißt du? Eine Familie!« Susi fuchtelte mit ihrer Hand vor Ronjas Gesicht herum und warf ihr einen strengen Blick zu. »Gib mir dein Handy!«

Ronja gehorchte.

Dann schlurfte Susi mit dem Telefon ins Schlafzimmer, wobei sie sich mehrfach an der Wand abstützen musste, und Ronja bereute es augenblicklich, Susi mit ihren Problemen belastet zu haben. Aber sie konnte auch nichts tun, um Susi aufzuhalten, stattdessen sank sie immer tiefer in die Falten des alten Sofas und eine unbekannte Macht schien ihre Augenlider zu schließen.

Ronja musste kurz eingeschlafen sein, denn als Susi sich wieder neben sie setzte, zuckte sie erschrocken zusammen.

»Wie spät ist es?«, fragte Ronja.

»Mach dir keinen Kopf«, sagte Susi. »Ich habe deinen Drecksack von Chef angerufen und ihm erzählt, dass ich dich nach Hause schicken musste, weil du mir das Bad vollgekotzt hast.«

»Was?«, fragte Ronja entsetzt.

»Er hat schon versucht dich anzurufen, aber ich habe ihn immer weggedrückt.«

Ronja stöhnte und setzte sich auf, als es plötzlich an der Tür klingelte.

»Du bleibst, wo du bist!«, sagte Susi bestimmt.

Ronja hatte das Gefühl, in einen alten Quentin-Tarantino-Film gerutscht zu sein. Nacheinander waren sie alle gekommen: Neben ihr auf der Couch saß Dayo und streichelte unablässig über Ronjas Schulter, während Zoran aufgebracht im Zimmer auf und ab tigerte. Susi saß gegenüber im Sessel. Sie hatte ein hölzernes Klemmbrett mit einem Block auf dem Schoß abgelegt, und einen absurd kurzen Bleistift in der Hand, mit dem sie unablässig Notizen machte. Juri hockte auf dem anderen Sofa, die Ellbogen auf die Knie gestützt, und presste die Kiefermuskulatur dermaßen zusammen, dass Ronja das Schattenspiel auf seinen Wangen von ihrem Platz aus sehen konnte. Sogar Helen war da. Sie saß steif neben Juri und schüttelte dauernd den Kopf.

»Ich bring ihn um!«, murmelte Zoran unablässig. »Ich schwöre, ich bring den verdammten Bastard um!«

»Mach mal ne Pause, Großer«, sagte Susi. »Das bringt uns auch nicht weiter. Ein bisschen schlauer müssen wir es schon anstellen.«

»Ach ja?«, fragte Zoran bitter. »Und was genau schwebt dir da so vor?«

»Wir könnten ihn heimlich filmen«, schlug Susi vor. »Wenn Ronja dafür sorgen würde, dass sich jemand von uns in den Räumlichkeiten verstecken kann.«

»Wie bitte?« Dayo sprang auf. »Ronja geht auf gar keinen Fall zu dem Typen! Auch nicht als Lockvogel! Wir müssen einfach die Polizei einschalten! Wir können denen ja sagen, dass wir Helen gefunden haben!«

»Und das Video?«, fragte Juri vorsichtig.

»Du verdammter Penner!«, brüllte Zoran und stürmte auf Juri zu, aber Dayo war blitzschnell bei ihm und stellte sich schützend vor Juri. »Denkst du auch mal an was anderes als an deinen eigenen Arsch?«, schrie Zoran über Dayos Schulter hinweg.

»Er hat an meinen gedacht!«, rief Helen bekümmert dazwischen. »Sonst wären wir alle gar nicht in dieser Situation! Vor allem Ronja nicht.« Sie nestelte nervös an der Sauerstoffmaske.

»Hör zu«, sagte Juri beschwichtigend, »ich verstehe ja, dass du sauer auf mich bist. Wenn es nur um mich ginge, würde ich mich sofort stellen. Aber mit dem Video von uns und Helen wird Ronja für die Polizei absolut unglaubwürdig, und der Typ würde auf jeden Fall einfach so davonkommen!«

»Er hat recht«, sagte Susi. »Daran habe ich noch überhaupt nicht gedacht. Wir können ihn nicht ohne Weiteres erpressen, wir müssen an das Video kommen, das er aufgenommen hat, und es löschen.« Susi schob den Bleistiftstummel auf ihrer Oberlippe herum. »Also, was können wir tun?«, überlegte sie laut. »Erstmal brauchen wir einen Ort, an dem wir nicht auffallen. Die Station liegt an der Hauptstraße und es gibt sicher Kameras dort.«

»Bliebe noch die Wohnung des Mannes«, sagte Helen. »Weiß man denn, wo er wohnt?«

Ronja wurde schlecht beim Gedanken an ein Treffen in Torbens Wohnung. Und überhaupt: Planten diese zwei Greisinnen gerade einen Überfall auf einen gewalttätigen Erpresser?

»Ja, das ist vielleicht keine schlechte Idee«, sagte Susi. »Und dann schlagen wir ihn mit seinen eigenen Waffen!«

»Auf jeden Fall gehe ich nicht zur Polizei«, sagte Ronja leise. »Dann wäre alles umsonst gewesen. Außerdem glauben die mir sowieso nicht!«

Dayo ließ sich wieder neben ihr aufs Sofa fallen.

»Das ist Blödsinn, Ronja! Natürlich glauben die dir!«

»Nein, Dayo!«, sagte Ronja fest. »Es ist völlig naiv etwas anderes anzunehmen als das, was wir schon unser Leben lang kennen! Guck uns doch an! Niemand von uns wird von den Bullen so gesehen, wie er ist. Wir haben alle einen Makel, und sie die passende Schublade: Mich verachten sie wegen meiner Asi-Familie, dich, weil du Schwarz bist, Helen wegen ihres Alters, Susi, weil sie trans ist, Juri ist für die ein Junkie und Zoran ein Kleinkrimineller. Erzähl mir nicht, dass das nicht stimmt!«

Für einen Moment war es still.

Dann sagte Susi: »Sie wissen nichts von deinen Eltern, das sieht man dir nicht an, Ronja.«

»Doch, Susi«, flüsterte Ronja. »Ich weiß nicht, wie, aber sie sehen es. Außerdem finden sie es spätestens dann heraus, wenn sie meine Personalien checken.«

Ronja dachte an die Schulzeit und daran, dass die Schuldfrage nie geklärt werden musste, wenn sie an einem Streit beteiligt gewesen war. Es war wie in Stein gemeißelt.

Jetzt redeten alle durcheinander.

Ronja starrte auf den Boden und hörte die Stimmen nur noch gedämpft, als hätte ihr jemand Watte in die Ohren gestopft. Susi und Helen arbeiteten offenbar einen Plan aus, der so abstrus war, dass Ronja sich kurz fragte, ob nicht im nächsten Moment ihr Wecker klingeln und sich all das hier als schräger Traum entpuppen würde.

»Wenn wir es machen wollen«, sagte Susi, »dann können wir es ebenso gut gleich morgen machen. Dann hat Ronja es wenigstens hinter sich.«

Plötzlich war Ronja wieder hellwach und ganz klar.

Susi wirkte stolz, Helen nickte und beide blickten sie fragend an.

Ronja hatte Angst.

Zoran schüttelte den Kopf.

»Nein!«, rief er entgeistert. »Guck sie dir doch an, bitte! Ronja wird nirgendwo hingehen, außer zur Polizei!«

»Das macht sie sowieso nicht!«, sagte Dayo.

Ronja nickte.

»Dann sag du es ihr gefälligst!«, schrie Zoran Juri an, der sofort zusammenzuckte. »Du bist schließlich schuld daran, du verdammter Lappen!«

»Das weiß ich selbst!«, schrie Juri zurück. »Ronja, bevor wir das machen, finde ich auch, du solltest zur Polizei gehen. Was Susi da vorschlägt, das … das ist doch Wahnsinn!«

»Nein!«, mischte sich Helen ein. »Ich finde, das ist eine hervorragende Idee! Für Ronja besteht keine Gefahr, dafür werden wir schon sorgen. Aber ohne richtige Beweise kann das ewig dauern, da steht Aussage gegen Aussage. Und ob der Mann letztlich überhaupt dafür belangt wird, ist sehr fraglich, vor allem, wenn er damit argumentiert, dass Ronja ihm etwas anhängen will, um ihre eigene Straftat zu vertuschen. Wenn man will, das etwas richtig gemacht wird, dann muss man es schon selbst machen!« Sie stocherte nachdrücklich mit dem Zeigefinger in die Luft.

»Nein!« Zoran schlug mit der Faust gegen die fliederfarbene Wand, was ihm einen bösen Blick von Susi einhandelte.

»Doch!« Ronja sprang auf. »Es ist ja schön, dass ihr alle zu wissen scheint, was das Beste für mich ist, aber ich kann noch immer meine eigenen Entscheidungen treffen! Ich sorge dafür, dass Torben einem Treffen in seiner Wohnung zustimmt. Nachdem ich heute so spontan krank geworden bin, glaubt er mir sicher, dass ich Angst davor habe, mit ihm in der Station erwischt zu werden. Außerdem krieg ich jeden rum, oder etwa nicht?«

Wie alle sie ansahen. Als wäre Ronja soeben von den Toten auferstanden. Das arme Opfer. Dabei war sie gerade vor allem wütend. Sie war so wütend, dass sie sich zu allem imstande fühlte. Und wenn es nötig war, dass sie sich mit Torben Diercks in seiner verfluchten Wohnung traf, um diesem Horrortrip ein Ende zu setzen, dann sollte es eben so sein.

»Bist du sicher?«, fragte Susi.

Ronja nickte.

»Gib mir mein Handy.«

14

Es war eine Sache, das angetrocknete Erbrochene des Zissele mit der Hand vom Boden zu entfernen. Sich nach dem kleinen Geschäft mit einem Waschlappen zu reinigen, mochte auch noch zu vertreten sein, aber weiterzugehen – hin zur absoluten Verwahrlosung – das konnte Judy sich nun doch nicht vorstellen. Noch nicht!

Wie lange war sie schon nicht mehr draußen auf der Straße gewesen? Fünf Wochen vielleicht? Oder sechs?

Sie kratzte das Katzenfutter aus der Dose.

Das Zissele schnurrte in einer unendlichen Acht um ihre Beine herum.

Draußen vor dem Fenster lärmten die Kinder aus dem Nebenhaus vorbei. Wie anders diese Kinder waren, wie unverhuscht und geradeheraus. Sie waren die Sprösslinge eines anderen Zeitalters und Judy wusste nicht so recht, wie mit ihnen umzugehen war. Vorne am Tor erklang ein Konzert von mindestens drei verschiedenen Fahrradklingeln. Die Kinder kicherten, ihr Lachen perlte bis zu Judy herein und flutete den Raum.

War sie jemals so unbedarft gewesen?

So frei?

Sie stellte die Untertasse mit dem Futter auf den Boden und beobachtete, wie die Katze gierig zu fressen begann.

Seltsam, dachte Judy, wie schnell einem solch ein Tier ans Herz wachsen kann. Dabei hatte sie nie geglaubt, dass sie der Typ für ein Haustier wäre. Die Verantwortung für ein anderes

Lebewesen zu übernehmen war ihr nie erstrebenswert vorgekommen. Kinder hatte sie schließlich auch keine gewollt.

Ob das ein Fehler gewesen war?

Zum Penny waren es einhundertdreiundzwanzig Schritte. Sie musste eine Straße überqueren und es gab dort keinen Fußgängerüberweg. Die Gänge im Penny waren nur vier Schritte breit, man konnte leicht zu nah an einen der Trinker herangeraten, die vor der Tür herumlungerten, die alles erbettelte Geld direkt in eine neue Flasche Bier umtauschten. Judy hasste es, an ihnen vorbei zu müssen. Den lieben langen Tag lungerten sie vor dem Eingang herum und ließen niemanden, der vorbeiging, unkommentiert.

Aber wenn sie nicht auch noch das letzte bisschen Selbstachtung verlieren wollte, musste sie es wagen.

»Also los, altes Mädchen«, sagte Judy zu sich selbst, ging in den Flur und zog sich an.

Bis vors Haus wagte sie sich problemlos, auch wenn das Klacken der zufallenden Tür ein mulmiges Gefühl in ihr auslöste.

Sie musste in Etappen denken! Nur die paar Schritte bis zum Tor. Da konnte sie sich festhalten und abwarten, falls gerade jemand vorbeilief.

Judy brauchte lange, bis sie die verkrampfte Hand vom Gitter des Tores lösen konnte. Ihre Angst war völlig unverhältnismäßig, aber obwohl sie das wusste, konnte sie nichts dagegen tun. Die alte Pumpe schlug ihr grob von innen gegen den Brustkorb und das Atmen wollte auch nicht so recht klappen. Mit kleinen Schritten kämpfte Judy sich vorwärts.

Damals, in England, hatte sie auch solche Ängste gehabt. Aber das war ja durch ihre Fluchterfahrung kein Wunder gewesen.

Als sie endlich an der schmalen Straße angelangt war, bog ein großer schwarzer Wagen um die Ecke. Judy zog ihren Mantelkragen hoch und senkte den Blick. Dann war der Weg frei und sie beeilte sich, an den besoffenen Punkern vorbeizukommen, die den Eingang zum Supermarkt verstopften.

Judy zählte dreiundfünfzig Schritte bis zum Toilettenpapier und weitere achtundvierzig bis zur Kasse.

»Zwo Neunundneunzig«, sagte die Verkäuferin und hielt genervt die Hand auf, bis Judy ihre Münzen mit zittrigen Fingern hineingezählt hatte. »Stimmt genau«, sagte sie dann und wandte sich sofort dem Mann zu, dessen ungeduldiges Stöhnen hinter ihrem Rücken Judy noch nervöser gemacht hatte.

Judy griff nach der Verpackung und eilte zum Ausgang.

Dann hielt sie inne.

An der Glastür war ein Aushang angebracht, nachlässig, das Blatt flatterte im Wind. Aber für einen Moment drückte eine Bö das Papier gegen das Glas. Auf dem Bild erkannte Judy, und das versetzte ihr einen gehörigen Schrecken, das Zissele. Schnell riss sie den Ausdruck ab und stopfte ihn in die Manteltasche.

Als Judy endlich wieder zu Hause ankam, war sie schweißgebadet. Sie stapelte die Papierrollen im Schrank auf und hängte eine in die Halterung neben der Toilette. Die Katze saß im Flur und ließ sie nicht aus den Augen.

Noch im Mantel setzte Judy sich an den Küchentisch und holte den zerknüllten Zettel hervor.

Wer kennt diese Katze??? Sie ist das wichtigste Lebewesen in der Welt einer verzweifelten alten Dame, die ohne sie nicht leben kann! Finderlohn! Abzugeben in der Budapester Straße 13, bei Reinberg klingeln!

Darunter stand eine Telefonnummer, aber Judy besaß ohnehin kein Telefon.

Eine verzweifelte alte Dame also.

War sie denn nicht auch eine solche?

Die Budapester Straße lag ein gutes Stück weiter entfernt als der Penny. Judy hatte keine Ahnung, wie viele Schritte das sein mochten. Sicher wären auch diverse Straßen zu überqueren und bei den wenigsten würde es einen Fußgängerüberweg geben. Und das Zissele war schwer.

Judy betrachtete die Katze, die auf dem Fensterbrett neben der Schale mit den Tomaten saß und ihr zuzwinkerte.

Wie würde es sein, hier zu sitzen und da wäre niemand mehr, der sie so ansah. Kein wohltuendes Schnurren, das die bösen Geister vertrieb. Kein leises Miauen.

Aber es war nicht richtig.

Was hätte sie nicht alles gegeben, um ihre Mutter noch einmal wiedersehen zu können. Wie fühlte es sich wohl an, das Zissele zu vermissen, wenn man es womöglich schon von klein auf kannte?

Und dann kam Judy der Gedanke, dass die Katze auch weggelaufen sein konnte, weil jene alte Dame sie nicht gut behandelt hatte. Das konnte doch sein. Hätte sie dann nicht in erster Linie die Verantwortung dafür, dass es ihrer befellten Freundin gut ging?

Judy musste eine Entscheidung treffen.

Sie würde eine Entscheidung treffen.

Und es musste die richtige sein.

15

Sie standen in einiger Entfernung zu dem heruntergekommenen Hochhaus, das sich in den Nachthimmel reckte. Viele Fenster waren noch erleuchtet. Die verschiedenen Lichtfarben und das bewegte Flackern der Fernseher erschienen Ronja beinahe zu schön für die triste Waschbetonfassade. Die nebeneinanderliegenden Wohnungen waren über langgezogene Laubengänge miteinander verbunden, die von einigen Bewohnenden als Gemeinschaftsbalkons genutzt wurden. Ganz oben stand ein Grüppchen junger Männer rauchend und laut diskutierend am Geländer, ein paar Stockwerke darunter bewegte sich träge eine schiefe Hollywoodschaukel im Wind.

Im Erdgeschoss, wo Torben wohnte, war alles still.

Sie würden das Gebäude einzeln betreten, um nicht aufzufallen. In einem solchen Haus gingen andauernd Menschen ein und aus, da würde sich sowieso niemand für sie interessieren. Ronja bohrte die Hände tief in die Taschen ihrer Jacke.

»Okay«, sagte Helen und Juri nickte. Es lag etwas Vertrautes in der Art, wie sich Helen bei ihm unterhakte und Juri sich ihr ein wenig zuneigte. In den Taschen drückte Ronja die Fingernägel tief in die Haut ihrer Handflächen. Nur nicht an Torben denken, dachte sie, aber das war unmöglich.

Angst.

Sie hatte Angst.

Susi zog die Bremse ihres Rollators fest, setzte sich darauf und tastete nach Ronjas Hand. Sie zog Ronjas Kopf zu sich herunter.

»Weißt du«, flüsterte sie ihr ins Ohr. »Der Mann da, dein Juri, der ist nicht der Feind. Ich denke, er ist trotz allem ein feiner Kerl.«

Wie kleine Pfeile trafen Susis Worte einen Punkt mitten in Ronjas Brust, wo sie zitternd steckenblieben. Sie erwiderte nichts.

Zoran legte seinen Arm um ihre Schultern.

»Du musst das nicht machen, wir können immer noch alles abblasen«, sagte er. »Hörst du?«

»Lass sie!«, raunte Dayo und nickte Ronja zu.

Dass auf einmal jeder zu wissen schien, was sie gerade brauchte!

»Ah«, rief Susi plötzlich, mitten in Ronjas finstere Gedanken hinein, und zeigte zum Ende der Straße, wo Costa von weitem winkte. Er hatte Peter, den Getränkehändler, und die schrille Verkäuferin aus Ronjas Lieblingsbäckerei im Schlepptau.

»Was zur Hölle?«, fragte Ronja entsetzt und starrte Susi böse an, aber die legte nur grinsend den Kopf schief und zuckte mit den Schultern.

»Manchmal braucht man das ganze gallische Dorf«, murmelte sie. Dann schob sie ihren Rollator energisch in Richtung der Neuankömmlinge und marschierte mit ihnen direkt ins Innere des Hauses.

»Das hier ist total bescheuert, oder?« Ronja blickte von Dayo zu Zoran und beide nickten.

Sie redete sich ein, dass ihr wirklich nichts passieren konnte, mit diesem skurrilen Hofstaat, der zu ihrer Verteidigung angerückt war. Übel war ihr trotzdem und sie spürte, wie ihre Angst sich nun in blanke Panik verwandelte.

»Na, komm«, sagte Zoran.

Ronja ging zügig zum Haus hinüber. Nur nicht innehalten, bloß nicht zögern, keinen Moment. Dayo und Zoran folgten, einige Meter hinter ihr. Es beruhigte ein wenig, ihre Schritte zu hören.

Die Klingelschilder waren halb aus der Verankerung in der

Gitterglaswand gerissen. Man konnte ohnehin kaum noch etwas lesen, weil sämtliche Namen mit mehreren Schichten Edding übermalt worden waren, aber ganz unten erkannte man noch den Rest von Torbens Nachnamen. Es stank nach kaltem Rauch und Urin. Kaum zu glauben, dass er hier lebte.

Helen und Juri standen schon an der Glastür, die in den Laubengang zu Torbens Wohnung führte. Dayo drückte Ronja einen schnellen Kuss auf die Stirn und blieb im Treppenhaus zurück. Zoran begleitete Ronja bis zur Wohnungstür und presste sich gleich neben ihr dicht an die Wand.

Ronja klingelte.

»Ja?«, hörte sie Torbens Stimme durch die Tür.

»Ich bin's, Ronja.« Ihre Stimme zitterte.

Ein Schlüssel drehte sich im Schloss. Die Tür öffnete sich mit einem Klicken und Torben stand grinsend vor ihr.

Er hatte sich ein weißes Hemd angezogen, als hätten sie etwas zu feiern.

Dann ging alles sehr schnell.

Sie wurde zur Seite gestoßen, taumelte und fiel hin. Zoran war bloß noch ein schwarzer Schatten, der sich auf Torben stürzte und ihn mit harten Stößen vor sich her und ins Innere der Wohnung trieb. Dayo, Costa, die Verkäuferin und der Getränkehändler schossen an Ronja vorbei und stauten sich im engen Flur der Wohnung, wo Zoran mit gepresster Stimme Kommandos bellte.

Susi bedeutete Ronja mit dem Kinn, endlich wieder aufzustehen, aber Juri war schon da und half ihr hoch. Er hielt Ronja fest, den einen Arm um ihre Schultern gelegt, den anderen ausgestreckt, um damit Helen zu stützen. Sie folgten den anderen in die Wohnung, dann schloss Helen die Tür hinter ihnen und lehnte sich an das Holz. Sie war blass, aber ihre Miene zeigte nichts als Entschlossenheit.

»So, Schnauze jetzt, du verdammter Penner!« Zoran stieß den kreischenden Torben mit der Hand so fest gegen den Brustkorb, dass der mit einem dumpfen Aufprall zu Boden ging. »Ich will dein Handy, dein Notebook und die Zugangsdaten. Hast du ne Cloud?«

»Eine was?« Torbens Stimme war zittrig und dünn.

»Einen externen Speicherort?«

»Was? Nein!« Panisch fingerte Torben das Handy aus seiner Hosentasche und hielt es Zoran hin, der es sich sofort einsteckte. Dann krabbelte er auf allen vieren zum Schreibtisch und zeigte auf den Laptop.

»Was wollt ihr denn damit?«, wimmerte er. »Ich verstehe nicht, was …«

»Das Video!«, rief Susi. »Das Video, du Vollidiot!«

Torben sah sich erschrocken um. In seiner Angst hatte er offenbar noch gar nicht mitbekommen, was für ein seltsamer Trupp sich in seiner Wohnung eingefunden hatte.

»Was? Was … Was soll … Was wollt ihr von mir?«

»Was wohl?«, spuckte Susi ihm entgegen. »Wir befreien meine Freundin Helen aus den Klauen eines Perversen, der sie hier seit Tagen gegen ihren Willen gefangen hält!«

»Was?«, kreischte Torben.

Helen winkte ihm mit einem süffisanten Grinsen zu und hob dabei kokett die Augenbrauen.

Währenddessen saß Zoran am Schreibtisch und scrollte durch die Dateien auf dem PC. Torben blieb auf dem Boden sitzen und blickte fassungslos vom einen zum anderen.

Costa baute sich grinsend vor ihm auf.

»Ich habe mir gleich gedacht, dass was faul ist mit dir! Eigentlich habe ich die Inkontinenzeinlagen ja nur für meine Vermieterin im Sortiment. Und dass du die plötzlich haben wolltest, ich meine … Ganz zu schweigen von den Mentholzigaretten.«

»Das stimmt doch gar nicht!«, jammerte Torben.

»Ach ja?«, fragte Costa und sah sich um. »Sagt wer?«

»Also«, meldete sich die Verkäuferin zu Wort, machte dann eine dramatische Pause, in der sie schmatzend ihren Kaugummi bearbeitete, und fuhr fort: »Ich habe genau gesehen, wie Sie die alte Dame aus dem Auto gezerrt haben. Gleich da vorne, am Parkplatz. Das weiß ich ganz genau, weil Sie ja immer inne Bäckerei kommen, und ich hatte ja immer gedacht, Tini, hab ich gedacht, der Mann, der ist bestimmt ein ganz Netter. Na ja, und denn so was! Ich meine, das merkt man sich doch, so was. Ist ja fast, als wäre man mit einem Serienmörder mit, oder so.« Sie ließ die Wimpern ein paar Mal auf und ab flattern.

Torben sagte nichts.

Seine Unterlippe bebte.

»Ich«, sagte Peter, der Getränkehändler, »ich hätte da ja auch noch ne Zeugenaussage im Angebot, aber ich glaub, die kann ich mir sparen, oder?« Er streichelte mit der Linken beinahe zärtlich über die Fingerknöchel der rechten Hand, auf die jemand ohne erkennbares Talent das Wort HASS tätowiert hatte. »Ansonsten hätte ich da noch 'n paar gute Argumente, die Kleine ab jetzt in Frieden zu lassen.«

Torben nickte eifrig und blickte zu Helen hin, die in der Tür zum Schlafzimmer stand, sich mit beiden Händen durch die Haare wühlte und an ihren Kleidern herumzupfte. Als sie völlig derangiert aussah, sagte sie: »Juri, mach ein Foto, ja?«

Juri lachte leise, dieses warme, tiefe Lachen, mit dem alles angefangen hatte, und in Ronja löste sich etwas. Sie hätte ihn am liebsten festgehalten, als er seinen Arm von ihrer Schulter löste, um Helens Bitte nachzukommen, aber da war Dayo schon an seine Stelle getreten und drückte Ronja fest an sich.

»Ganz schön krass alles, oder?«, flüsterte sie. »Ist echt nicht mein Ding, Gewalt und so, aber diesmal scheint es wohl das Richtige zu sein.«

Ronja schloss die Augen und hörte, wie Zorans schwere Stiefel zutraten, sie hörte Kunststoff splittern und das seltsame Knirschen, das entsteht, wenn man die Einzelteile eines demolierten Handys aufsammelt.

»Bitte«, sagte Zoran und Ronja sah wieder hin.

Irritiert öffnete Torben seine Hände, in die Zoran den Rest des Telefons bettete. Den Computer hatte er offenbar unversehrt gelassen und auch Torben hatte noch keine sichtbaren Verletzungen. Zoran zeigte Ronja die Speicherkarten aus Computer und Smartphone in seiner Hand.

»Ich kann ihn immer noch umbringen, oder ihm wenigstens die Fresse polieren, wenn du willst.«

Ronja schüttelte den Kopf.

»Und jetzt wollt ihr wirklich?«, fragte Torben weinend. »Ich meine, ich …«

»Nein«, unterbrach ihn Zoran, »ist nicht unser Stil, solange du uns nicht dazu zwingst. Ich habe alle Dateien gelöscht! Deine Erpressungsversuche haben hier ein Ende, kapiert? Und du hältst gefälligst Abstand von Ronja, ja? Du redest nicht mit ihr, du siehst sie nicht an und vor allem fasst du sie nicht an! Und morgen bist du weg! Verstanden? Und damit meine ich nicht den Kiez, ich meine die Stadt!«

Torben starrte ihn an.

»Hab ich genuschelt?« Zoran schlug Torben mit der flachen Hand gegen die Stirn. »Ob du mich verstanden hast, will ich wissen! Du hast eine einzige Chance, Digger! Die nutzt du besser!«

»Ja«, wimmerte Torben. »Ja, ich habe verstanden. Gleich morgen bin ich weg.«

»Gut.«

Zoran warf Torben noch einen verächtlichen Blick zu, dann klatschte er in die Hände und rief: »So Leute, die Party ist vorbei.«

16

Ronja stieg aus dem Taxi, als wäre es ein Raumschiff, das sie nach dem Besuch auf einem fremden Planeten wieder auf der Erde absetzte. Unterwegs hatten sie Susi zu Hause abgeliefert, aber Ronja hatte davon kaum etwas mitbekommen. Jetzt stand sie mit den anderen mitten auf dem Kiez, wo der Abend schon an Fahrt aufnahm. Unzählige Vergnügungswillige schoben sich an ihnen vorbei, sie lachten und grölten. Ronja fühlte sich hölzern inmitten des Lärms. Sie wusste nicht so recht, wohin mit sich. Tini, die Ronja bisher nur vom Sehen aus der Bäckerei gekannt und die sich ihr erst beim Einsteigen in den Wagen namentlich vorgestellt hatte, zwickte ihr in die Wange und sagte: »Bis morgen, meine Süße. Ich pack dir paar Franzbrötchen beiseite, die magst du doch.«

Ronja schluckte heftig gegen die Tränen an. Peter rubbelte ihr liebevoll über den Kopf.

»Na, na«, sagte er, »du hast doch wohl nicht Pipi in den Augen? Das wird schon alles wieder, und wenn nicht, denn weißt du ja, wo du mich findest.«

Ronja nickte.

»Danke.« Ihre Stimme klang fremd in ihren Ohren.

»Da nich für!« Peter hakte die noch immer lächelnde Tini unter und zwinkerte Ronja zu. »Tschüssing!«, rief er, diesmal an alle gewandt.

Ronjas Blick blieb an Helen und Juri hängen, die ein paar Meter abseits standen. Irgendetwas war in dem ganzen Chaos mit Helen passiert. Eigentlich hätte sie völlig am Ende sein müssen bei der ganzen Aufregung und ohne Sauerstoffflasche. Vielleicht lag es an der wilden Frisur, die ihre spontane Umgestaltung hinterlassen hatte, aber Ronja hatte sie noch nie so frisch gesehen. Sie ging zu ihr hinüber.

»Helen«, fragte Ronja, »bist du wirklich ganz sicher?« Sie nahm Helens knittrige Hand in die ihre. Eine Haut wie warmes Pergament. »Du hast dein Versprechen schließlich schon einmal gebrochen. Ich habe Angst, dich gehen zu lassen.«

»Ronja, Liebes«, Helens Daumen strich zärtlich über Ronjas Handrücken. »Willst du nicht endlich damit anfangen, dich um dich selbst zu kümmern, statt dauernd um die anderen? Wir müssen alle Verantwortung übernehmen, das ist mir heute bewusst geworden. Was ich dir angetan habe …« Helens Stimme brach.

»Nein, Helen. Bitte nicht. Wir haben alle schlechte Entscheidungen getroffen.«

Helen nickte.

»Ich will noch immer ein würdevolles Ende, wenn es so weit ist«, sagte sie. »Aber das hier ist nicht das Ende und du hast recht: Bei allem, was ich getan habe, habe ich keinen Moment an euch gedacht. Das tut mir sehr leid, mein Mädchen. Ich gehe jetzt brav zurück in die Klinik, werde wegen guter Führung bald wieder entlassen und alles ist wie gehabt. Vorausgesetzt ihr findet Judith, natürlich!«

Erschrocken blickte Ronja Juri an.

Helen lachte.

»Das war ein Scherz, Mäuschen!«

Und da lachten sie mit. Zuerst noch verhalten, aber irgendwann lachten sie immer lauter, bis ihnen die Tränen über die Wangen liefen. Vielleicht war es unausweichlich, nach der Anspannung der letzten Tage, vielleicht war es auch einfach ein Geschenk, eines jener kleinen Wunder, die einem von Zeit zu Zeit widerfahren.

Dayo, Zoran und Costa sahen verwirrt aus.

Als Ronja, Juri und Helen sich schließlich wieder gefangen hatten, sagte Juri: »Okay, Helen. Dann bringe ich dich zumindest hin.«

»Nein, Juri«, sagte Helen streng. »Du bleibst hier und klärst deine eigenen Angelegenheiten! Die paar Meter zur Davidwache schaffe ich noch gut allein, und von da an lasse ich mich von den adretten Polizisten unterstützen, gebrechlich wie ich bin.« Sie zwinkerte verschmitzt.

Ronja beugte sich vor und drückte ihr einen Kuss auf die Wange.

»Danke, Helen«, sagte sie. »Wir kommen morgen vorbei, ja?«

»Das will ich hoffen.«

Damit machte Helen kehrt und schlurfte langsam zur Polizeistation hinüber.

Ronja sah ihr nach und atmete erst auf, als Helen schon an den Stufen von einem Beamten in Empfang genommen wurde.

»Das war seltsam«, sagte Juri. »Wie geht's dir jetzt?« Seine Augen waren zwei ruhige Seen. Sie luden zum Eintauchen ein, aber so weit war Ronja noch lange nicht.

»Ich habe keine Ahnung«, antwortete sie wahrheitsgemäß und ging zu den anderen zurück. Zoran ergriff ihre linke Hand und Dayo die rechte.

»Jetzt holen wir erst mal ein paar Bier aus dem Laden und machen es uns bei dir gemütlich, oder?«, fragte Costa und knuffte Zoran herzlich gegen den Oberarm. »Du Tier, Digger!«

»Ja«, antwortete Ronja an Zorans Stelle, »lasst uns noch in die WG gehen, ein bisschen auf dem Dach sitzen. Ich mag jetzt nicht allein sein.«

Die anderen nickten zustimmend.

Zoran rieb sich über den Oberarm, wirkte aber gleichzeitig geschmeichelt.

»Klar, dann machen wir das«, sagte er.

Juri war ein Stück abseits stehengeblieben. Er sah aus, als wollte er gerade gehen.

Ronja wünschte, dass ihr das egal wäre, dass es sie sogar erleichtert aufatmen lassen würde, wenn er endlich ginge. Aber das Gegenteil war der Fall. Eine gigantische Traurigkeit überfiel sie.

Ronja gab sich einen Ruck.

»Hey Juri!«, rief sie. »Kommst du noch mit?«

Juri zuckte mit den Schultern, als wäre es ihm egal, aber das nahm Ronja ihm nicht ab.

»Okay«, sagte er.

17

Dayo und Ronja lagen in Zorans Bett. Die Musik umfing sie weich und Ronja dachte, dass es gut war, hier zu sein. Dass man eigentlich immer viel weniger brauchte, als man glaubte, und dass man das ständig wieder vergaß. Es war so leicht, dieses Vergessen von Wärme und Wunderbarem. Wo doch das Schwere und Schlimme so hartnäckig an einem zu haften schien.

Irgendwann schob Zoran den Kopf zur Tür herein.

»Wir sind oben fertig«, sagte er. »Kommt ihr auch?«

»Mhm«, murmelten Ronja und Dayo synchron, dann lösten sie sich aus ihrer Umarmung und folgten Zoran aufs Dach.

Als sie oben ankam, lachte Ronja laut auf. Die anderen hatten die Matratzen, die Zoran und Ronja zu Beginn des Sommers hier oben deponiert hatten, von der großen Plane befreit und sie mit Decken und Kissen in eine Liegewiese verwandelt. Über das gesamte Dach verteilt standen Kerzen in alten Marmeladengläsern und aus Zorans Bluetooth-Lautsprecher waberte softer Ambient. Die Nacht war ungewöhnlich warm, obwohl ein stetiger Wind blies. Costa hatte offenbar neben diversen Getränken auch Oliven, Käse und Brot aus seinem Laden mitgebracht.

Ein Picknick. Ronjas Herz machte einen kleinen Sprung.

Sie ließ sich neben Juri auf die Kissen sinken und betrachtete die Gesichter dieser vier, die unterschiedlicher nicht hätten sein können. Alle blickten sie an. Das hätte auch zu viel sein können, aber die Zuneigung und Wärme in ihren Gesichtern war Balsam für Ronjas Seele.

Und dann wurde es doch zu viel.

Ronja spürte, wie der Betonmantel Risse bekam, und mit einem Mal hatte sie wirklich, wirklich Angst vor dem, was darunter verborgen lag.

»Was ihr getan habt, ist …«, sagte sie schnell, weil sie die Stille nicht mehr aushielt.

»Hättest du für jeden von uns genauso getan«, unterbrach Dayo sie. »Ich bin froh, dass du dir endlich hast helfen lassen. Wenn auch nicht freiwillig. Ich verstehe nur noch immer nicht, wie du das alles für dich behalten konntest. Eigentlich müsste ich richtig sauer auf dich sein, verdammt!«

Zoran legte den Arm um Dayos Schultern und zog sie an sich. Das war neu.

»Ich weiß«, sagte Ronja und fühlte sich schlecht dabei.

»Die Nummer mit der Alten ist auf jeden Fall das neue Highlight unter den Quartiersgeschichten! Spätestens morgen weiß das jeder hier!« Costa lachte.

»Was?« Juri und Ronja blickten einander erschrocken an.

»Ja, klar!«, rief Costa. »Tini und Peter sind fleischgewordene Nachrichtenmagazine, aber keine Sorge: Das wird so eine Unter-der-Hand-Story. Ihr wisst schon: Wir führen die Bullen lieber an der Nase rum, als sie aus der Hand zu füttern.« Er zwinkerte. »Aber der verfluchte Diercks, der braucht sich hier aufm Kiez nicht mehr blicken zu lassen!«

Ronja atmete auf, wenn auch verhalten. Juris Hand landete wie beiläufig auf ihrem Rücken und blieb dort liegen, sanft und wärmend. Drei Tauben tippelten um sie herum. Costa begann, das Brot auszuteilen.

»Denkst du, er haut wirklich ab?«, fragte Dayo.

»Keine Ahnung«, sagte Ronja. »Ich glaube schon, so panisch wie er da gehockt hat.« Sie wandte sich Zoran zu. »Du warst aber auch krass, Zoran.«

Kurz huschte ein gekränkter Ausdruck über Zorans Gesicht, dann straffte sich sein Rücken und er schüttelte den Kopf.

»Das war noch gar nichts«, sagte er. »Keiner vergreift sich an meiner Familie!« Er biss die Zähne zusammen, aber seine Wut war beinahe stofflich, und alle hier konnten sie spüren, da war Ronja sicher.

Er hatte Familie gesagt. Und das spürte Ronja noch viel mehr.

Und zum ersten Mal spürte sie es wirklich! Das hier war ihre Familie. Und dieses Begreifen landete auf der Oberfläche des verfluchten Sarkophags wie ein Regentropfen auf trockenstem Boden. Es sickerte Schicht um Schicht ins Innere, es traf auf das verstörte Kind, das sie auch war, und legte sich auf alle Wunden, so zärtlich, dass Ronja es kaum ertrug.

Sie war nicht mehr allein.

Sie war endlich nicht mehr allein.

Die Tränen spülten sie davon und es war ihr egal. Sie fühlte, wie sich Arme um sie legten, wie Köpfe sich an ihren lehnten und sie alle miteinander zu verschmelzen schienen. Sie hielten einander fest und Ronja kam es vor, als fände nicht nur ihrer, sondern als fände all ihr Schmerz tröstliche Zuflucht in der Mitte, die zwischen ihnen entstanden war. Hier gab es nichts zu sagen und nichts zu tun. Sie waren alle Gestrandete in einer Zeit, die nichts von ihren Werten hielt, aber hier existierten sie, allen Widrigkeiten zum Trotz. Familie, zusammengeführt von einer weit mächtigeren Kraft, als es Blut je sein konnte.

Eine gefühlte Ewigkeit später lösten sie sich voneinander und Ronja kam es vor, als suchten sich all ihre Hände verlegen neue Tätigkeiten. Sie pulten Oliven aus den Plastikschälchen, drehten Zigaretten, fummelten Etiketten von feuchten Bierflaschen ab.

»Wisst ihr, woran ich immerzu denken muss?«, fragte Ronja nach einer Weile. »Ihr habt euch um alles gekümmert, in Torbens Wohnung. Ich hätte auch gar nichts machen können, ich war völlig eingefroren. Aber irgendwie habe ich das Gefühl, ich muss selbst auch etwas dafür tun, dass es aufhört.«

»Ihn anzeigen?«, fragte Juri.

»Ja, vielleicht schon.«

»Darüber habe ich auch schon nachgedacht«, sagte Juri. »Ist aber ganz schön schwer, so was. Du wirst viele Fragen beantworten müssen. Unangenehme Fragen. Vielleicht glauben sie dir nicht gleich. Ich habe da schon ziemlich schlimme Geschichten gehört.«

»Ja«, sagte Ronja, »ich auch.«

Dayo stand auf und lief unruhig auf der Dachpappe auf und ab. Taubendaunen blieben an ihren nackten Fußsohlen haften und lösten sich nach und nach wieder. Es war wunderschön, sie anzusehen.

»Das ist so eine Sauerei!«, schimpfte sie. »Dass Opfer Angst haben müssen, Täter zu stellen! Aber weißt du, Ronja, du bist ja nicht allein. Und dass dieses Schwein vor Gericht gehört, das ist ja wohl klar! Ich finde, du solltest das auf jeden Fall machen! Für dich und für alle anderen, die er wahrscheinlich sonst in Zukunft noch bedrängen wird.«

Aber nicht heute, dachte Ronja. Heute wollte sie sich an nichts mehr erinnern und nicht an morgen denken.

»Ja«, sagte sie leise und ließ sich rückwärts auf die Matratze sinken, »du hast recht.«

Über ihr wölbte sich der Nachthimmel, an dem die Sterne ihr blasses Strahlen kaum gegen die Lichter der Stadt durchzusetzen vermochten. Sie stellte sich vor, einer von ihnen zu sein, weit weg und in Stille. Die Stimmen der anderen verschmolzen zu weißem Rauschen, irgendwann schob sich Juris Gesicht in Ronjas Sichtfeld und blieb. Die feinen Linien um seine Augen flüsterten eine Geschichte von Einsamkeit und Schmerz, in der Ronja ihre eigene gespiegelt fand. Sie bekam nur diffus mit, wie die Stimmen leiser wurden, wie Geraschel folgte, wie Dinge zusammengesucht und in Taschen verstaut wurden.

Als Ronja ihren Blick von Juris löste, waren die anderen verschwunden. Juri stand auf und lief zum Rand des Daches. Er stand da, mit dem Wind in den Haaren und blickte zu den Kränen hin, die in verlässlicher Betriebsamkeit ihrer Arbeit nachgingen.

Sie ging zu ihm.

Ihre Hand fand wie von selbst den Weg zu seinem Haaransatz, zu den feinen Härchen im Nacken. Juri ließ den Kopf in ihre Handfläche sinken und drehte sich langsam um.

»Du hast mir so gefehlt«, flüsterte er und nahm ihr Gesicht in seine Hände.

Und dann küsste er sie.

Es war ein sanfter Kuss, ein zärtlicher. Ronjas Lippen öffneten sich und mit ihnen öffnete sich noch etwas anderes, Größeres. Also doch, dachte sie, sogar ich habe eine Seele. Ihr Mund verschmolz mit seinem und ihr gemeinsamer Atem wurde zu einem Pendel, das mit jedem Zug weiter ausschlug. Mit einem Satz sprang Ronja auf Juris Hüften und ließ sich von ihm zur Matratze tragen. Juri stolperte und sie fielen gemeinsam in die Kissen, kichernd wie Teenager und dabei vollkommen entflammt.

Die Nachtluft stellte jedes Haar an Ronjas Körper wie ein winziges Segel in den Wind. Sie hörte Tauben gurren und Autos hupen, sie spürte Tränen der Erlösung auf ihren Wangen und Juri, in der Umarmung ihrer Schenkel. Die Nacht hatte tausend Sterne, aber Ronjas Innerstes hatte mehr. Alles Dasein war ein sanftes Wogen, war Lust, die sich aus etwas viel Tieferem speiste. Und in diesem köstlichen Moment war es genau das, was Ronja wollte.

18

»Ronja, bist du wach?«, fragte Juri.

Sie öffnete die Augen, zog die Decke bis zur Nasenspitze hoch und versuchte, das Zähneklappern zu unterdrücken.

»Ganz schön frisch«, murmelte sie, setzte sich auf und angelte mit einem Arm nach ihren Klamotten.

Juri reichte sie ihr herüber und lächelte verlegen.

»Ja.« Er rieb sich mit beiden Händen über die Oberarme und trat von einem Fuß auf den anderen.

Links von ihnen kroch eine blasse Sonne über die Dächer und im Hafen flatterten die Wimpel der Barkassen schon freundlich im ersten Licht. Unten in den Straßen ging das Nachtleben in die schläfrige Morgenstimmung über, die es nur hier gab. Von irgendwoher dröhnten noch die Bässe einer Party, die ihren Zenit offenbar noch längst nicht überschritten hatte, und aus einem geöffneten Fenster drangen der Gesang einer Frau und das Klappern von Geschirr.

Schweigend machten Ronja und Juri sich daran, die Reste des vergangenen Abends aufzuräumen. Sie schleiften die Matratzen wieder in die Nische zurück, wickelten sie in die Plane ein und türmten Decken und Kissen zu einem Haufen an der Luke auf. Die Betriebsamkeit half, das Unausgesprochene zwischen ihnen zurückzudrängen.

Sie vermieden es auch, einander anzusehen.

Ronja wollte gerade die Luke öffnen, als Juri sie am Arm festhielt.

»Können wir noch zwei Minuten?«, fragte er vorsichtig.

Ronja nickte.

Sie setzten sich in Blickrichtung des Hafens, sehr nah aneinander, damit sie sich beide am Schornstein anlehnen konnten. Vorsichtig tastete Ronja nach Juris Hand, die ihre Berührung sofort erwiderte.

Es war ihr egal, dass Juri sie belogen hatte. Es war ihr egal, dass die Drogen früher oder später wieder ein Problem werden würden. Es war ihr alles egal, sie würden das schon hinbekommen.

»Eine tolle Familie hast du da«, sagte Juri.

»Ja«, sagte Ronja. »Und es war mir wirklich nicht klar. Nicht so richtig.«

»Weißt du, ich habe das Gefühl, dass mein Leben eine ewige Nacht ist, oder ein traumloser Schlaf, aus dem es kein Erwachen gibt. Aber manche Menschen sind wie Lichter, die einem Orientierung geben. Helen ist so eine. Ich schwöre, wenn sie nicht gewesen wäre, wäre ich heute nicht mehr hier.« Er ließ Ronjas Hand los und fuhr sich über das Gesicht. »Sie hat mich beim Netto aufgesammelt, als ich so high war, dass ich beinahe nicht mehr laufen konnte. Wer bitte macht so was?« Er schüttelte den Kopf. »Irgendwann hat sie mir sogar einen Schlüssel für ihre Wohnung gegeben. Dann habe ich sie beklaut. Danach hat sie mir den Schlüssel wieder abgenommen, aber ich war trotzdem immer willkommen, habe etwas zu Essen bekommen, oder einen Schlafplatz. Später sind mein Kumpel und ich beim Vertickem aufgeflogen. Ich habe sie nie angerufen, auch nicht aus dem Knast.« Juris Stimme wurde leiser. »Und als ich dann endlich wieder vor ihr stand, da konnte ich ihr einfach nicht davon erzählen. Ich habe mich so geschämt. Sie hat immer irgendetwas in mir gesehen, etwas Besseres, als ich war. Und manchmal habe ich es sogar selbst geglaubt. Dass aus mir noch etwas werden könnte, meine ich.«

Juri setzte sich kerzengerade hin, als wollte er etwas besonders Wichtiges sagen und Ronja wurde ganz mulmig dabei. Seine Miene war wie versteinert, als er fortfuhr.

»Ich lüge seit ich denken kann, Ronja. Es ist das Einzige, das ich wirklich gut kann. Die einzige Möglichkeit, überhaupt irgendetwas zu bekommen, oder hinzubekommen. Ich denke nicht, dass ich damit aufhören kann, verstehst du? Es geschieht einfach so. Ich sage jedem genau das, was er hören will!«

Juri zuckte mit den Schultern und Ronja brauchte einen Moment, bis sie verstand, worauf dieses Gespräch hinauszulaufen schien.

»Aber wir können uns doch verändern!«, sagte sie energisch.

»Wir können verändern, was wir tun«, stimmte Juri zu, »aber wir können nicht verändern, wer wir sind, Ronja. Und ich bin ein Lügner. Und ein Junkie.«

Ronja wurde wütend. Sie wurde so wütend, dass sie Juri am liebsten gleich vom Dach gestoßen hätte, aber das tat sie natürlich nicht, sondern schrie bloß: »Und war ich auch so ein Licht? Oder waren die Blicke, die Gesten, deine großen Worte, war all das etwa auch gelogen?«

Juri sprang auf, warf die Arme in die Luft und für einen Moment stand er da wie der Messias selbst.

»Du bist *das* Licht!«, rief er. »Und mehr noch: Für einen Augenblick hatte ich das Gefühl, ich wäre auch eins. Für dich!« Juri marschierte schnellen Schrittes zum Rand des Dachs, kurz fürchtete Ronja, er könne einfach darüber hinausspazieren, aber dann wendete er abrupt und kam zu ihr zurück. »Meine ... meine Familie ... Du kannst das nicht verstehen, aber ich konnte nicht atmen da. Noch nie! Meine Eltern sind Hartzer in zweiter Generation, verstehst du? Immerhin saufen sie nicht, aber sie hängen rum und sind deprimiert und die Kohle war immer zu wenig. Ich wollte nicht so sein wie sie, verstehst du?«

»Und?«

»Und? Ich habe angefangen, Geschäfte zu machen. Mit Typen, mit denen man besser keine Geschäfte macht. Handys geklaut,

Handtaschen, später Autos. Dann die Drogen. Da war die Schule auch gelaufen, aber dafür hatte ich endlich Geld. Am Anfang habe ich meiner Mom Geschenke gemacht, aber die wurde gleich misstrauisch. Also habe ich das Geld wieder investiert und mehr Zeug verkauft. Dann bin ich nach Hamburg, zu einem Kumpel, in die Talstraße. Du hast ja gesehen, wie der lebt.«

Juri vergrub die Hände in den Hosentaschen und ließ den Blick über die Dächer schweifen.

Und Ronja saß einfach da und konnte nichts tun, als ihn anzustarren und der Wut nachzuspüren, die in ihrem Bauch anschwoll. Was war auszusetzen an einer Familie, die arm war? Juri war nichts als ein undankbares Kind, das sich für seine Herkunft schämte. Ronja war fassungslos, dennoch baute sie sich langsam vor Juri auf.

»Ich verstehe das nicht! Bist du noch ganz dicht? Ich hätte mein Leben gegeben für Eltern, die sich auch nur halbwegs wie normale Menschen verhalten. Weißt du, mit Druck kenne ich mich aus und auch damit, nicht atmen zu können. Nicht atmen zu dürfen, weil jedes verdammte Geräusch meinen versoffenen Vater hätte reizen können!«

Juri streckte zaghaft seine Hand nach Ronja aus, aber sie schüttelte nur den Kopf.

»Ronja. Es ... es tut mir leid. So habe ich das doch gar nicht gemeint.«

»Wie hast du es denn gemeint? Glaubst du, ich merke nicht, dass du mir gerade klarzumachen versuchst, dass wir nicht zusammenpassen? Warst es nicht du, der mich gebeten hat, uns nicht aufzugeben? Und wie hat es sich für dich angefühlt, letzte Nacht? War das nur eine schnelle Nummer nebenbei?«

»Nein! Natürlich nicht! Aber ich will dir nichts mehr vormachen! Und mir auch nicht! Ich bin noch lange nicht über den Berg. In den letzten Tagen war ich ein paar Mal kurz davor, mir was zu besorgen. Du brauchst jemand anderen an deiner Seite, nicht so einen Lappen wie mich, der beim kleinsten Problem zur nächsten Straßenecke läuft, um sich zuzudröhnen. Du bist das Licht, Ronja. Ich könnte es nicht ertragen, dich verlöschen zu sehen.«

Und mit einem Mal war sie da, die Wahrheit. Sie hockte zwischen ihnen, wie ein hässlicher, böser Dämon.

Ein bitterer Geschmack lag auf Ronjas Zunge. In ihrem Kopf fiel eine ganze erträumte Zukunft wie ein Kartenhaus in sich zusammen. Juri konnte so einer sein, ein Mann, der besoffen wäre, irgendwo, wo sie ihn nicht sah. Einer, vor dem sie ihre Kinder nicht beschützen könnte. Einer, wie sie nie einem hatte ins Netz gehen wollen.

Und da begriff Ronja, dass Juri recht hatte. Noch eine Runde im Mahlwerk der Co-Abhängigkeit würde sie vielleicht nicht überstehen.

»Also lassen wir es? Ist das jetzt der Plan?«, fragte Ronja, und es war unendlich traurig, aber eine bessere Lösung gab es wohl nicht.

Juri nickte und schluchzte laut auf.

Ronjas Wut war verflogen. Sie lehnte sich an Juris Schulter und umarmte ihn. Die Kälte der frühen Morgenstunden hatte sich längst bis in jede ihrer Zellen vorgearbeitet, aber sie ließ das Zittern einfach zu.

Konnte man so etwas noch als Ironie des Schicksals bezeichnen, oder hatte es womöglich rein gar nichts mit Schicksal zu tun, dass sie sich so zu Juri hingezogen fühlte? Vielleicht war sie auf den Schatten abgefahren, der ihn umgab, weil er ihr dermaßen vertraut war. Und wenn das stimmte, würde sie dann überhaupt jemals dazu imstande sein, sich in jemanden zu verlieben, ohne sich in diesen alten Mustern zu verfangen?

»Und was wirst du jetzt machen?«, fragte Ronja.

»Zu Kreuze kriechen«, sagte Juri.

»Bei deinen Eltern?«

»Ja. Zumindest erstmal. Und mir einen Therapeuten suchen, in Rostock. So was eben.«

»Und du meinst, das kriegst du hin?«

Juri fuhr sich mit den Händen über den Kopf.

»Keine Ahnung. Ich muss es wenigstens versuchen. Ich habe lange mit Helen gesprochen, nachdem du weg warst. Sie hat gesagt, dass es keine Abkürzung für ein gutes Leben gibt. Dass der eigene Weg nicht geradlinig ist, dass es Stolperpfade gibt. Und dass er nur gefunden werden kann, wenn man daran glaubt, ihn gehen zu können.«

Kluge Helen, dachte Ronja. Verstohlen betrachtete sie Juris Profil. Sie wäre zu gern mit dem Finger die Linie nachgefahren, die sich vor dem immer heller werdenden Himmel scharf abzeichnete. Von der Stirn zu den Augenbrauen, die Nase hinab, einen Moment im Grübchen über der Oberlippe verweilen, dann über Juris schönen Mund, am Kinn entlang …

»Ich glaube, wir sollten uns erstmal nicht mehr sehen«, flüsterte Ronja. »Es tut sonst zu sehr weh.«

Juri nickte und das feuchte Glitzern in seinem Augenwinkel verriet ihr, dass es ihm genauso ging.

»Weißt du, was gut ist?«, fragte Juri.

»Nein, was denn?«

»Dass du deinen Weg schon geebnet hast. Eine Ausbildung, die richtigen Freunde. Und, dass wir es nicht versaut haben. Diesmal nicht.«

Über ihnen wölbte sich der Himmel jetzt in zartem Rosa, ein paar faserige Wolken zogen ihre Bänder. Es war in Ordnung, dachte Ronja. Auf eine schräge Weise war es das.

»Wovon träumst du, wenn du dir die Zukunft vorstellst, Juri?«

»Davon, es auch zu schaffen, glaube ich. Einen Abschluss. Vielleicht sogar eine Lehre. Ein Leben, für das ich mich nicht schämen muss.«

»Das ist gut«, sagte Ronja. »Du bist nämlich auch eines von diesen Lichtern. Für mich bist du eines. Und ich träume davon, dass wir uns wiedersehen, wenn es so weit ist.«

Juri legte seinen Kopf auf Ronjas Schulter ab.

Und Ronja dachte an ihre Mutter im Gefängnis. Aber dann wurde ihr klar, dass sie ihre Mutter nicht hinter den Mauern sah, hinter denen sie gestorben war. Sie sah ihre Mutter hinter jenen Mauern, die sie selbst um sich herum errichtet hatte. Sie war nie eine passende Ratgeberin gewesen, aber wie hätte Ronja das damals wissen können?

Und mit einem Mal war ihr ganz klar, was sie als Nächstes tun würde. Sie wollte sich endlich und endgültig aus diesem Sarkophag befreien, und es war ihr ganz gleich, wie lange es dauern würde. Ganz sicher wartete darin noch das Mädchen, das sie einst gewesen war, und dessen Stimme sie manchmal schon durch die Risse zu hören glaubte. Ronja stellte sich vor, wie es über die Wolken staunen würde, über den verzauberten Morgen, und über das bunt schimmernde Gefieder einer Stadttaube. Dieses Kind lebte in ihr weiter, es war nie wirklich weg gewesen. Es war auch nicht zerbrochen oder beschädigt. Sie hatte es bloß irgendwie in Sicherheit gebracht, hinter der harten Fassade. Und vielleicht war diese Gewissheit fürs Erste genug.

Epilog

Zwei lange Wochen waren vergangen, bis Judy endlich ihre Entscheidung getroffen hatte. Inzwischen war das Katzenfutter aufgebraucht und vielleicht war das ein Zeichen, denn Frau Safi würde noch eine ganze Weile fort sein, also hätte Judy das Haus heute ohnehin verlassen müssen, um neues zu kaufen.

Das Zissele in die Handtasche zu locken, war kein einfaches Unterfangen gewesen. Obwohl sich die Katze sofort auf Judys Schoß niederließ, sobald sie auf dem Sofa Platz nahm, hatte sie dies konsequent unterlassen, sobald Judy die Tasche darauf ausgebreitet hatte. Aber schließlich war es ihr unter gutem Zureden doch gelungen, das Tier so auf dem Leder zu positionieren, dass sich der Reißverschluss hatte zuziehen lassen.

Jetzt hing die Tasche bleischwer auf Judys Schulter, und dass die Katze sich im Inneren unter lauten Protestrufen immerzu um sich selbst drehte, machte die ganze Sache noch viel schlimmer.

Bis zu der angegebenen Adresse hatte Judy eine halbe Ewigkeit gebraucht und deshalb dauerte es beinahe ebenso lange, bis sie endlich die drei Stockwerke bis zur Wohnung dieser Frau Reinberg hinaufgestiegen war.

Ein runzliges Altfrauengesicht blickte ihr über den Handlauf entgegen.

»Moin«, sagte die Frau, als Judy sich auf dem letzten Treppenabsatz abmühte. »Ich kann nicht sagen, dass ich oft Besuch bekomme.«

»Ich komme«, schnaufte Judy, »wegen der Katze.«

Und dann geschah etwas Seltsames: Frau Reinberg, die sich am Türrahmen abstützte, wurde leichenblass.

»Judith?«, fragte sie mit zittriger Stimme, als Judy vor ihr stand, und Judy erschrak. Es war sehr, sehr lange her, dass jemand sie mit diesem Namen angesprochen hatte.

Die Fremde streckte die Hand nach ihr aus und berührte das Feuermal auf Judys Wange.

Judy ließ den Blick über das Gesicht der Alten schweifen, ihre ganze Erscheinung.

Er verfing sich an den roten Socken der Frau.

Nun begriff sie.

»Helen?«

Und Helen nickte. Sie griff nach Judys Hand und zog sie mit sich in die Wohnung. Judy stellte die Tasche ab und öffnete den Reißverschluss, vor allem, weil sie völlig überwältigt war und nicht wusste, was sie sonst hätte tun sollen.

Die Katze stieg langsam heraus und begann, die beiden Frauen schnurrend zu umkreisen.

»Ziss…«, fing Judy an, unterbrach sich aber schnell und fragte: »Wie heißt sie denn eigentlich?«

»Sie heißt wie du«, sagte Helen, »Judith.«

»Ich habe oft an dich gedacht«, sagte Judy, »aber ich habe dich nicht finden können, nach dem Krieg.«

»Mir ging es ebenso«, sagte Helen.

»Du heißt jetzt Reinberg«, sagte Judy.

Helen nickte. »Und du?«

»Schmidt.«

Helen zog eine Augenbraue hoch und lächelte dann.

»Ja«, sagte Judy, »es scheint, als würden Frauen bei der Eheschließung verlorengehen, für jene, die sie vorher kannten.« Judy betrachtete Helens faltiges Gesicht. Und sie staunte, weil sie das kleine Mädchen von einst noch darin finden konnte. »Ich habe den Teddybären noch, den du mir zum Abschied geschenkt hast«, sagte sie.